U0046912

Reader Takes All.

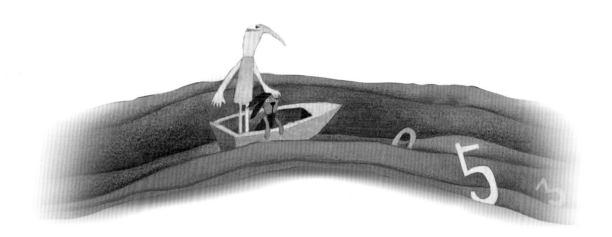

命運
Destiny

13
Net and Books

閱讀是一種飲食，
我們對待均衡飲食的
兩種方法

第一，從每本書的主題，來提供均衡飲食

閱讀，如同飲食，可以分成四種。

1 是為了知識的需求。很像可以吃飽的主食。
　（企管、理財、心理、學習電腦與語言等等）

2 是為了思想的需求。很像有點昂貴的美食。
　（文學、哲學、歷史、藝術等等）

3 是為了參考閱讀的工具需求。很像可以幫助消化的蔬菜水果。
　（字典、百科全書等等）

4 是為了消遣需求。很像追求口感的甜食。
　（休閒、漫畫、推理等等）

網路與書Net and Books，從每次的選題上提供讀者均衡的選擇。
　（我們出版過的書目，請參見本書166- 167頁）

第二，從每本書的內容組合，來提供均衡飲食

我們不只從書的主題來提供不同的飲食種類，我們也從每一本書裡
的內容，來提供均衡的內容組合。

在我們每一本書裡，都會有以下的重要內容成分：

1 有關這個主題的歷史，以及中外大事Map（像是美食）

2 有關這個主題應該掌握的知識（像是主食）

3 有關這個主題應該閱讀的50本書，與相關網站（像是蔬果）

4 有關這個主題好玩的人物，或地點，或掌故（像是甜食）

我們希望在每一本書裡，讀者都能享受到飲食的均衡。

閱讀的飲食，要從種類上均衡，也要從內容上均衡。

Net
and
Books

那天早上，他是怎麼想的？

文—郝明義

人喜歡談命運，不外乎希望有個方法能預測一下接下來要發生的事，以便自己預先知道該採取什麼行動，趨吉避凶。

可是，就算真能預測得到會發生什麼事，就一定能知道該怎麼行動嗎？

□

《易經》的第二十八卦是「大過卦」。

這一卦的第六爻，是這樣說的：「上六：過涉滅頂，凶，無咎。象曰：過涉之凶，不可咎也。」意思是：這件事做下去，等於是涉水而過卻遭到滅頂，一定會有殺身之禍，所以你要把這件事做下去的話，必凶。但是，有這麼凶惡的結果，卻不算你的過失（無咎），不可怪罪於你（不可咎）。

□

什麼樣的情況，會卜到這樣的卦？

卜到這一卦，看到了有這麼凶惡的結果展現在眼前，又看到一種「你去做吧，做了也沒有人怪罪你」的意思，你又會怎麼抉擇？怎麼行動？

□

我總是在想，明朝建文四年那一天早上，方孝孺是不是卜到了這一卦？

□

明朝，惠帝的叔父燕王，因為要取他姪子的天下，所以起兵打到南京，代之為帝，也就是後來的明成祖。

惠帝的臣子方孝孺，因為不齒燕王的所為，堅不合作。等燕王找他，要他起草即位詔書的時候，乾脆以麻衣相見，最終並破口大罵。

方孝孺的學問太好，又素有剛直之名，因此當燕王出兵的時候，有人特別提醒燕王碰上方孝孺的時候，不要殺他，以免絕了天下讀書種子。儘管如此，方孝孺視死如歸的決心，還是激怒了燕王，結果不但他自己慘遭凌遲之刑，更株連十族，死了八百多人。方孝孺的故鄉寧海，屍橫遍地，村里為墟。其後，明成祖又下令焚毀方孝孺的著作，凡有人偷藏其文字，均坐死罪。

方孝孺可堪告慰自己的是，後人畢竟並沒有忘記他。到明朝末年，徐霞客乃在他的遊記中寫道：「二百年來，不問賢與不肖，皆知有先生，皆知有先生之文。」

□

如果方孝孺在上殿見燕王的那天早上給自己卜上一卦，會不會就是大過卦的第六爻？

過涉滅頂，凶，無咎。

同樣是明朝人，比徐霞客略早的來知德，在他註解的《易經》中，對這一段文字的註解則是：

處大過已極之時。勇于必濟，有冒險過涉之象。然才弱不能以濟，故又有滅頂之象。過澤滅頂，必殺身矣。故占者必凶。然不避艱險，慷慨赴死，殺身成仁之事也。故其義無咎。

這段文字，是不是就講出了方孝孺當時的心情？

對於命運，中國文化一直從兩個不同的方向在闡釋。

一個方向，盡可能地為人的命運發展，提供一些趨吉避凶的分析與判斷。

另一個方向，不斷地以一些義理之辨，點撥一些吉凶得失之外的提醒。

這麼看，我們就知道，對於命運，重點不在於預測，不在於知道其可能的發展，而在於估算其各種可能之後，到底如何抉擇。

你到底要看到「過涉滅頂，凶」而就此打住腳步，還是只要把「無咎」收進眼底，繼續就自己畢生的信念與堅持而走下去呢？

不論你的估算有沒有借助天意，最後的決定，還是在你自己手裡。

□

我們不是方孝孺，今天也沒有什麼事的抉擇，會嚴重到要株連十族。但可能也正因為如此，我們對人生路程上的一步步轉折，也就不太容易體會到抉擇之緊要。

何況，今天可以對命運提供預測與解讀的系統，太多了；可以幫忙消災解厄的人物與方法也太多了（資訊時代的特色在這件事情上發揮得淋漓盡致）。一不小心，我們就寧可到處聆聽不同系統的建議，到處尋求祝福與保佑，但就是沒有把最後的決定權掌握在自己手裡的準備。

□

有關命運，這可不是小事。

Net and Books 網路與書 13

命運

經營顧問：Peter Weidhaas　陳原　沈昌文　陳萬雄　朱邦復　高信疆

發行人：郝明義
策劃指導：楊渡
主編：黃秀如
本輯責任編輯：徐淑卿
編輯：藍嘉俊・冼懿穎・葉原宏・蔡佳珊・傅凌
網站編輯：莊琬華
北京地區策劃：于奇・徐淑卿
美術指導：張士勇
美術編輯：倪孟慧・張碧倫
攝影指導：何經泰
企劃副理：鍾亨利
行政兼讀者服務：塗思真
法律顧問：全理法律事務所董安丹律師

出版者：英屬蓋曼群島商網路與書股份有限公司台灣分公司
台北市南京東路四段25號10樓之1
TEL：(02)2546-7799
FAX：(02)2545-2951
email：help@netandbooks.com
網址：http://www.netandbooks.com
郵撥帳號：19542850
戶名：英屬蓋曼群島商網路與書股份有限公司台灣分公司

總經銷：大和書報圖書股份有限公司
地址：台北縣新莊市五工五路2號
TEL：886-2-8990-2588
FAX：886-2-2290-1658
製版：瑞豐實業股份有限公司
印刷：詠豐印刷股份有限公司
初版一刷：2004年10月
定價：台灣地區280元

Net and Books No.13
Destiny
Copyright @2004 by Net and Books
Advisors: Peter Weidhass　Chen Yuan　Shen Chang Wen　Chan Man Hung　Chu Bang Fu　Gao Xin Jiang
Publisher: Rex How
Editorial Director: Yang Tu
Chief Editor: Huang Shiou-ru
Executive Editor: Hsu Shu-Ching
Editors: Chia-Chun Lan・Winifred Sin・Yeh Yuan-Hung・Julia Tsai・Fu Ling
Website Editor: Lucienna Chuang
Managing Editor in Beijing: Yu Qi・Hsu Shu-Ching
Art Director: Zhang Shi Yung
Photography Director: He Jing Tai
Marketing Assistant Manager: Henry Chung
Administration: Jane Tu
Net and Books Co. Ltd. Taiwan Branch（Cayman Islands）
10F-1, 25, Section 4, Nanking East Road, Taipei, Taiwan
TEL: +886-2-2546-7799　　**FAX:** +886-2-2545-2951
Email: help@netandbooks.com　http://www.netandbooks.com

本書之出版，感謝永豐餘參與贊助。

CONTENTS 封面繪圖・吳孟芸
目錄

永續

掌握世界的變動節奏，拉近人文和經濟的落差，
以利他的理念，落實企業的經營和社會的責任。

保育

◇ 永豐餘　http://www.yfy.com

奈米、生物科技透過e化的平台，不斷地在造紙、印刷、顯示等產業
創新服務，共創優質生活的未來。

Part 1
輕解釋

世界與人
The Man and the World

文—傅凌 圖—吳孟芸

世界，是一片未知。未知得如同黑暗。

不由得，我們疑問自己是誰，爲什麼在這裡，要往哪裡去，要怎麼去。

有些人，認爲這就是一場摸黑前進，

跌倒了再爬起來的前進，

他不需要神祕的啓示與指引，也能在黑暗中走出自己的方向，與路途。

還有人，有些不同的看法。

他在黑暗之外，大地以上，望到一顆星星的光芒。
也許很早，也許很晚，他會察覺到那是屬於他的星星，
高掛穹空，恆常和他的旅程方向相印證。
也許他相信那是上帝的旨意，也許他覺得那是冥冥中某些力量的呈現，
總之，他認為那顆神祕的星星，將帶領他到一個恆久呼喚他的所在。
他認為，那顆星星引領他的方向，叫作「命」。

還有人，覺得星星的光芒太隱約。
他需要一些更趁手的光源，在路途上給一些更方便的指引。
這些光源也許來自廟裡的擲筊、
來自占卜的卦象、來自口紅、咖啡、塔羅的圖像……。
但是他總相信，這些強強弱弱的光線的指引，
有助於他在崎嶇的路途上，避開一些坑洞，
獲得一些支助，調整出一段一段比較順暢的步伐，
也就是他一段一段的「運」。

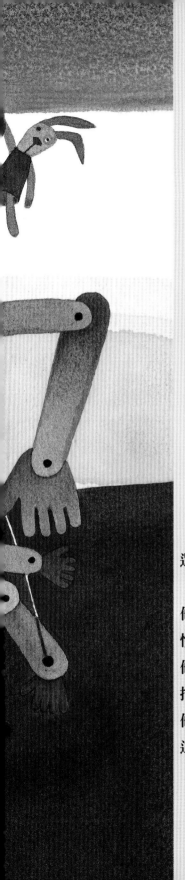

還有人，是沒有主張的人。

他想知道自己的星星，然而看到星星之後，總在羨慕別人的星星更亮，
懊惱星星指引的不是他要去的方向。
他想尋找更近便的引路光線，然而只顧得追逐光線，
把自己要前進的方向忘在腦後。
他其實無從判斷光線的品質。往往爲了趨吉避凶，結果卻加深迷惑。
這樣的人，與其說他多了些指引，不如說他受到更多控制。

另外一種人，也是沒有主張。
他以為摸黑走下去就可以，
然而，卻沒有在黑暗中堅持下去的毅力與智慧。
不然，他相信反正黑暗中沒有任何人看得到他的行為，乾脆為所欲為。
於是，有人玩不下去，隨便找個地方跳出去，
結束黑暗給他的壓力。
有人把黑暗當成一個壓迫感很大的密室，困頓在原地。
還有人在黑暗中膨脹起來，自己扮演主宰，窺視、操弄別人為樂。

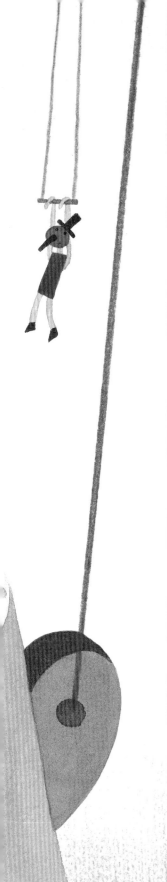

真正自在的人，不受黑暗的制約，也不受光線的制約。

黑暗中的水流聲，星星的光芒，路邊的燈光，都只是一些參考指標。
但他真正可以依賴的，是自己的抉擇。
抉擇，是為了使自己更有抉擇能力。
擁有抉擇能力，是為了使自己在任何時候都不至於迷惘——
不論迷惘來自於名、利、愛、恨、成功、孤獨、狂妄，甚至，粉身碎骨的死亡。
十字路口、迷宮般的迴旋、不知何去的攀升、不知何來的墜落，
都影響不了半點他的步伐，甚至，呼吸。

他相信，這是他唯一了解世界之道，也是他唯一和世界相處之道。

命運的 55 個關鍵詞

文—傅凌

一些觀念與說法

1【命】：中文和英文裡的「命」，都有許多不同的解釋。

中文裡的「命」這個字，傅斯年認為始於西周中葉，盛用於西周晚期。《詩經》中的「命」字開始具有上天命定的意思。「命」可解作「天命」，即上天的旨意。

佛教傳入中國之後，多了「宿命」的說法，指的是「過去世」的命運（宿住）。但後來「宿命」又和「天命」的說法混用。

英文裡的Fatalism，源自於希臘神話，諸神之上，另有一個主宰的Fate（命運）。因此Fatalism指的是冥冥中有一種力量，在操縱你的命運的走向，無從迴避，無從預測。因此，有陰沉的感覺。

Predestination，則出自於基督信仰。Predestination和Fatalism相同的地方是，也強調冥冥中有一個主宰，但不同的地方是，這個主宰就是上帝。是上帝安排好一個人的命運，而結果通常是得到救贖。因此，有光亮的感覺。

Determinism，則強調任何事都不會無緣無故發生。事出必有因。是一種因果論的命運觀。和Fatalism與Predestination相比，Determinism最沒有人生之外還有一個力量在作用的意味。

Fatalism，Predestination，Determinism這三個字在英文中也經常被混淆，譯成中文後，就產生了更多的混淆。

我們希望讀者閱讀本書，能把「命」看作是一個中性的說法，解釋為一個人一生路程的整體軌跡。

2【運】：「命運」雖然經常並稱，但是由於中國文化系統裡有「機運」、「時運」等說法，所以我們希望讀者閱讀本書，能把「運」和「命」分開來看。「運」，可以解釋為一個人一生中某一段路程的轉折。

3【命運】：把「命」和「運」合起來的統稱，正好相當於英文的Destiny。Destiny可以當作某種神祕的力量來看，也可以只是指人生過程中發生的所有事情。我們希望讀者閱讀本書，能把「命運」當作後者來看待。

4【命定】：漢朝的王充提出「命定」的說法，但是，和「天命」的意思正好相反。在他看來，一個人命運的一切，包括壽命、貴賤、禍福等等，都和神或上天的旨意無關，而和他的「氣」有關。而一個人的「氣」，則決定於最初他在母體之中稟受的自然之氣的厚薄。但「命定」這種說法，今天又已經和「天命」、「宿命」等混用了。

10【氣數】：道教的概念，含有「命運」的意思。「宇宙間所形成的萬形萬象，一句話說盡，那都是氣數……氣是指的一種極微而能動的，但它須等待積聚到一相當的數量，然後能發生大變化。」（錢穆〈論〈氣運〉）

5【業】：佛家認為人生每個行為都是在造一個「業」。而每造一個「業」，都相當於種一個「因」；而每一個「因」，將來會形成一個「果」，也就是「果報」（請參考本書第40頁）。「業」的本身是個中性概念，要看那個行為的善惡，才會有「善業」或「惡業」之分。說到「業障」，才指過去做了什麼不好的事，結果給現在造成了什麼障礙。

11【天機】：天的機密，猶言天意。不管是天意（神的意旨）或天道（自然奧律），天機原都是祕而不宣的。

12【天人合一】：天機雖然不可外洩，但是卻可以體會。如果有人真能對宇宙與生命有透徹的體悟，擺脫命運的束縛與制約，那就是天人合一的境界。「天人合一」可以說是道家理論中的「解脫」。

13【徵兆】：某些事情要發生之前的一些跡象。如果能敏感地體會這些跡象，就可以預測到接下來要發生的一些事情。有人認為只有具備某種特殊能力的人才能敏感地體會「徵兆」，但也有人認為其實這是每個人都具備的直覺能力（請參閱本書第90頁）。

6【輪迴】：起始於印度教，後為佛家所使用並加以發展的理論。佛家認為人的這一世生命結束後，如果沒有「解脫」，就會繼續轉化為其他形態（天、人、阿修羅、地獄、餓鬼、畜生的六道）繼續存在。由於生死相接，無有止息，所以稱為「輪迴」。你如果相信有上輩子、下輩子的說法，就是相信了輪迴。

14【福德】：在道教的理論中，無禍患就是福德，「既無禍患，名為福德」（《太上大道玉清經》）。佛家則認為「福德」是過去世及現在世所行之一切善行，及由於

7【解脫】：對生命有所覺悟，行為擺脫了「業」的軌跡，因而不再墜落輪迴，超然於六道之外。

8【立命】：「立」是造成的意思。「立命」二字就是命不能夠束縛人的意思。《了凡四訓》中的〈立命之學〉就是講人的命運可以由自己去創造：「吾於是而知凡稱禍福自己求之者乃聖賢之言。若謂禍福惟天所命則世俗之論矣。」

9【因緣】：佛家解釋宇宙形成的最根本基礎。在產生「果」的行為中，起主要直接作用的條件叫「因」，起間接輔助作用的條件叫「緣」（請參考本書第40頁）。

一切善行所得之福利。影響所及，一般人都相信多做善事，有助於累積福德，改善自己的命運。但《金剛經》又指出另一種解釋：「若福德有實，如來不說得福德多；以福德無故，如來說得福德多。」做善事所積的福德，終究遠遠不及自己體悟生命實相。

天，也是條不錯的路。這條路的極致，就是徹底的「無神論」(請參閱本書第56頁)。

21【性格】：如果你認為面對命運不是光靠毅力就能解決的，需要另有一些槓桿來發揮作用，那麼你就該認真地了解自己的性格，改變自己的性格。改變性格，就會改變行為模式；改變行為模式，就會不受命運模式的束縛 (請參閱本書第60頁)。

15【劫】：佛教以「劫」為一種極大的時間觀念。道教則以「劫數」指厄運，所以有「在劫難逃」這種說法。

16【宗教】：通常，都是在你對自己的命運產生困惑與疑問的時候，才會去尋找的一種訴求。你可以選擇只有一個至高無上的神的宗教，如基督信仰 (請參閱本書第44頁)；可以選擇強調以生命的覺悟與平等為主體，及對神和人之間的關係有多元解釋的佛教 (請參閱本書第40頁)。

17【鬼神】：如果你不想接受宗教這種系統化的指引，但又想接觸一些超自然的訊息或指引，就不免求神問鬼。

18【算命】：不想依靠宗教，也不想求神問鬼，也許你相信另外一種冥冥中可以解釋、指引命運的方法。算命只是一種泛稱。其實可以分為兩大系統：一類是幫助了解自己「命」的大方向 (請參閱本書第96頁到103頁)；一類是幫助解決「運」的轉折的問題 (請參閱本書第104頁到111頁)。要訴諸算命，如何避免被糊弄是很重要的 (請參閱本書第94頁)。

19【哲學】：你對命運產生困惑與疑問，但又不想訴之於宗教，不想借助超自然的指引，那麼進行哲學思考是個很好的選擇。哲學，不只思考你個人，也思考整個宇宙的構成和實相 (請參閱本書第76頁)。

20【毅力】：你不要宗教的神祕，也不要哲學的深奧，面對命運的波折，堅信人定勝

22【決定】：碰到命運的轉折，需要抉擇，抉擇就需要決定。不論你採取哪一種面對命運的態度，不論你有何種宗教與超自然的指引，都應該提醒自己最後的決定還是要自己來下。因為決定之後的實踐，畢竟還是要你自己來執行的。練習做決定，有點像是鍛鍊肌肉。開始很吃力，後來會逐漸有力。

23【懊惱】：做決定，不免會錯。錯了之後，很容易懊惱。懊惱是一種事後給自己的心理懲罰。

24【懺悔】：如果不想被「懊惱」所糾纏，可以試試「懺悔」的真意。「懺」者，是確實知道自己錯在哪

裡；「悔」者，是決心不再重犯同樣的錯。因此，「懺悔」不是在別人面前痛哭流涕，也不是自己咬牙切齒。「懺悔」是一種清明的檢查系統，發現自己的錯誤，承擔該負的責任，然後就一刻也不耽誤地繼續前行。

25【埋怨】：如果沒法了解、應用「懺悔」，又不想被自己的過錯所繼續「懊惱」糾纏，那就會另找一個減輕自己懊惱的方法：推卸責任，埋怨別人。找到一個可以怪罪的對象之後，自己的壓力就輕了，又可以生活了。

26【逃避】：不想面對自己的錯誤，也不想推卸給別人，逃避是一條路。又被歸入「鴕鳥族」。

27【循環與重複】：一旦沒有清楚地面對過自己的問題與決定，以及決定中的錯誤，而只是怪罪別人，那麼這個沒有看清楚的問題和錯誤，未來就還會再來一遍。這就造成了許多人命運中循環與重複的節奏。

一些行為、情緒和條件

28【環境】：有時候一個人再怎麼清明、努力，但是環境（四周的人、事、物）會讓他不停地墜入一個重複的負面循環。有的人會困在這樣的環境裡，有的人會設法突破這個環境的束縛。

29【學習】：要想擺脫一個固定的環境，最有效的途徑就是學習一種新的能力。學習可能來自於接受教育，也可能是自我學習。

30【時代】：時間的環境。

31【憂鬱】：一種陰暗的心理環境。

32【戰爭】：同時讓大量人的命運產生大量轉折的環境。

33【好奇】：命運門鎖上的鑰匙。不過，有些門往往就是不該去打開。

34【執著】：執著，會讓你終於打開一扇要進去的門。執著，也會讓你重複去進出一道門，總是回到一間你不應該回去的屋子裡。

35【嫉妒】：嫉妒別人的命運，一定照顧不好自己的命運。

36【意外】：任何意外，都是讓命運產生轉折的機會點。

37 【旅遊】：如果想刻意在一段時間內碰上一些意外，還有什麼比出外旅遊更直接的呢？

38 【飲食】：你如果相信「病從口入」，那你也就會相信另一種說法──飲食，就是「用牙齒在挖掘自己的墳墓」。我們用飲食來影響自己的健康，再影響自己的命運。

39 【口舌】：你如果相信「禍從口出」，那你也就會相信另一種說法──口舌，就是「用舌頭在製造自己的麻煩」。電影《老男孩》（*Old Boy*）裡，那位莫名其妙被幽禁了十五年的男人，命運的轉折出現在哪裡？

40 【性】：如果你不耐煩自己命運的單調，想給自己的命運製造一個波折，飲食和口舌的效果都太慢了。來點「性」吧。就算是在援交如握手的時代，找一個新的對象來一次性交，仍然會給你的命運帶來意想不到的轉折。如果碰巧你決定和這個性交的對象結婚，或是碰巧這個性交的對象已經結了婚，那你的命運轉折得就更大了。

41 【戀愛】：還沒有實現「性交」之前的性。

42 【婚姻】：理論上長期的「性」，實際上可能是長期的「不性」。對命運的影響可想而知。

43 【賭博】：不必上帝，就可以保證一個人的命運馬上要產生轉折──往負面──的行為。

44 【迷幻藥】：使你可以像上帝一樣俯瞰自己的命運，透視別人的命運，甚至穿越命運的真相──不過，藥效過了，你跌回人間的時候，也就是準備跳樓的時候。

45 【自殺】：最好不要用跳樓的方式──你從二十三樓跳下來都可以沒事，但是卻把別人壓死。

46 【孤獨】：一種很鋒利的刀子。在命運的荊棘中，有人用來當作一種思考前進的利器；也有人乾脆拿來了結自己。

47 【痛苦】：命運的密林裡，當我們只看到重重黑暗巨木時的心情。

48【快樂】：命運的密林裡，當
我們看到腳邊一朵美麗小花的心情。

49【財富】：命運的路途上，很多人選擇，
很少人到達的一個目的地。因此，到達那個目的地
之後容易發狂的這個問題，也很少人說得明白。

50【健康】：命運的路途上，最長程，但是又最多人不
珍惜的一個交通工具。

51【感謝】：命運的路途上走了大半段，你才突然發現原
來搭過那麼多人的便車，問過那麼多人的路。應該暫停一下，
向別人做的一個動作。

52【父母】：雖然還是有「不是的父母」，不過，最最起碼，你應該感謝他們
使你得以出現在這個世界上。

53【老師】：可能在一個學期裡就要影響你一生的人。

54【貴人】：同學、朋友、同事，甚至一個陌生人，都可能是
幫助你的人。他們對你的作用，是「增上」。

55【逆增上】：同學、朋友、同事，甚至一個陌生人，也可能是丟你
一塊石頭的人。但是你可以利用這些石頭搭一個堡壘、築一條橋。他們這時
候對你的作用，就是「逆增上」。

第1階段
天與人的角色思考

● 《易經》之形成：傳說伏羲畫八卦，周文王被紂王囚禁在羑里的時候，則對八卦加以演義註釋而成六十四卦，此後再經孔子的整理而終成《易經》。《易經》提出一個人與天地互動的宇宙觀，以及對人生與命運的解釋系統。《易經》是中國文化最重要的一個源頭。

中國文化的部分：

Corbis

4000B.C.

800B.C.

其他文化的部分：

古埃及人相信人的死亡只不過是從現世到了另一個世界，他們認為人死後必須經過審判，審判通過的人才能在另一個世界永久生存，也才能繼續保祐他的子孫。害怕不能通過審判的人便將咒文、禱文或者頌詩寫在紙莎草紙上，在自己死後一起埋葬，這就是《亡者之書》。

巴比倫人崇拜星象，他們認為天上的星宿和地上的人民有對應關係，在固定軌道上運行的行星可以決定人們的行動，因為人是一個小宇宙，是大宇宙的對應體，人的靈魂只不過是星球內燃燒的火的一點火花。星宿、神和人全都受著命運的支配。

「業」（**Karma**），原來是印度獨特的思想，是「行為」的意思，也是招致輪迴轉生的一種動力。後來被佛教吸收之後，謂以此「業」為因，能招感苦樂果報，投生於六道之中。

孔子自稱「五十以學《易》」、「五十而知天命」，並主張君子有三畏，畏天命是第一項。孔子相信天命的存在，對於自己的道無法推行於世，也將之歸因於「命也」，然而他對於人死後的事情以及是否有鬼神的問題避而不談，主張「敬鬼神而遠之」。孟子認為天子之位乃由天所授與，提倡人性本善的觀念。與孟子相反，荀子主張人性本惡，主張「天行有常」，不為人所改變，而人的不幸與失敗，也無非是自己所造成的，無關天命。強調事在人為，認為人定勝天，並著〈非相篇〉批判相術的無稽。

先秦諸子裡，墨子非議天命思想，認為命運已定的想法會使人放棄一切的努力，從而導致天下大亂。孫子的兵家強調「天時不如地利，地利不如人事」，並批駁時日宜忌與鬼神作用的無稽。道家始於老子，老子主張「道法自然」。其後的莊子看淡生死，認為人死不過是回歸自然，因此主張順應自然、隨遇而安。列子則藉由人力與命運的爭辯，而得出人生由命運所主宰的結論，然而他認為既然叫做命運，也就沒有制定命運的東西存在。陰陽家，以占卜為預知命運之手段，崇尚迷信與天命，並發展出趨吉避凶之宜忌術數，而提出五德終始說的鄒衍則是其代表人物。

春秋以降，各國的君主也開始追求不死的法術與藥方。秦始皇統一中國後，更先後派遣徐市、盧生率領數千童男童女入海尋求仙人以及不死藥。

春秋　　　　　　　　　　　　　　　　戰國　　　秦　　　西漢

Corbis

600B.C.　　　　　　　400B.C.　　　　　　　200B.C.　　　　　　　0

●前六至前四世紀時，猶太人編寫了《舊約》。《舊約》先是一本與猶太人的人生與命運有關的書籍，但到了耶穌，以及其後的《新約》出現之後，逐漸成為影響歐洲，以及世界各地的人的一部重要經典。圖為1947年由一位牧童在死海邊的一個山洞所發現的《死海古卷》中的其中一卷「The Scroll of the Rule」。《死海古卷》是目前最古老（約二千年前）的舊約聖經抄本。

●希臘神話中，人與諸神之上，另有一個冥冥中主宰一切的Fate（命運）。這個冥冥中的力量，操縱人與諸神命運的走向，無從迴避，無從預測。伊底帕斯的故事，正是人與命運相爭的一個故事。普羅米修斯因為盜火給人類，被宙斯罰大鷹啄食肝臟，也是一個命運的故事。此圖為十七世紀佛蘭德斯畫派之作。

一直到前五世紀左右，希臘的哲學家開始擺脫神人同形，以人本主義思考人的命運。前五世紀後半葉，普羅塔哥拉提出「人是萬物的尺度」之主張，否定神作為尺度的可能性。他並在《神論》中直言：「至於神，我既不知道他們是否存在，也不知道他們像什麼東西，有許多東西是我們認識不了的。」蘇格拉底藉由德爾菲神廟「認識你自己」的銘文，來告誡人們要認識自己的無知，最後他被處死的罪名之一就是「不信神」。德謨克利特可以說是西方哲學史上第一個公開的無神論者，他提出原子論，認為人必須依靠理性來掌握命運，如此才能使心靈趨於平靜愉悅，最終使人明白死亡不過是「自然之身的解體」。

前305年，巴比倫的占星術在希臘盛行。

第2階段
宗教信仰之大盛

東漢初年，佛教傳入中國。除了引進了大量的外來語之外，佛教關於三世因果、六道輪迴、業、劫、報應、地獄、極樂世界的思想、概念也傳入中土。到了東晉時期，僧人慧遠更積極提倡輪迴觀念以及「現報、生報、後報」三報說。然而作為一種反動，南朝齊時的范縝提出了「神滅論」並反駁因果說，他以「人生如樹花同發，隨風而墮」、「貴賤雖復殊途，因果竟在何處」作為反駁因果說之依據，認為人死後靈魂也跟著消失。

佛教在中國歷經波折後，終成為影響中國人命運觀的一個主流，並在與民間信仰結合後，混合著變化出許多面貌。

東漢末年出現的道教，成為儒家、佛教之外，另一種影響中國人命運觀的信仰。道教吸收煉丹、符籙之說，提倡服食金丹可以成仙，利用符籙則可以趨吉避凶的方術。然而初期道教由於體系、戒律、儀式都不完備，未能有大的作為。道教的興盛始於隋唐之際，此時道士藉由兩次正確地預言了楊堅與李淵統一天下的結局，而獲得當權者的極力推廣，尤其道教以老子為始祖，又與李唐王朝以老子為始祖之依託相合，因而使李淵甚至下詔宣布三教中以道教為第一、儒教第二而佛教第三。

中國文化的部分：

新莽	東漢	三國	西晉	東晉	南北朝	隋

圖為位於印度鹿野苑的初轉法輪塔。鹿野苑是佛陀第一次說教收徒的地方，現為佛教著名聖地。
（洪啓嵩提供）

0	100	200	400	600

其他文化的部分：

前168年，羅馬征服了馬其頓王國，希臘開始被羅馬統治。西塞羅受到理性主義以及希臘晚期盛行的懷疑主義之影響，對於命運與占卜提出了自己的看法。他嘲笑宿命論並主張：「即使是上帝也不能預知將會發生的偶然事件。」並專門寫下《卜術》一書，對當時的占卜方式進行了理性的批判。而斯多噶學派晚期哲學家塞涅卡（2～69年）卻倡導宿命論與神祕主義。

650年，《古蘭經》以阿拉伯文字記錄下來。伊斯蘭教也成為人類一大信仰。

東漢時期，讖緯符瑞之說盛行，怪力亂神的思想充斥社會。王充有鑑於此，在《論衡》中以理性的推理方式一一加以批駁。對於命運的相關議題，他得出了天不具有意識，不是造物主，也不能加害於人，死人不能變鬼，善惡報應之說與事實不符等說法。

隨著西漢末年王莽篡位以及劉秀統一天下皆藉助於讖緯圖書中預言的影響，讖緯之學大興，其勢之盛，甚至到了使儒家五經被稱為外學，而讖緯之學則被稱為內學的地步。隋朝末年，楊廣下令查禁銷毀讖緯之書，讖緯之學至此斷絕。然而讖緯之書雖然消失殆盡，預言未來王朝運勢的書籍卻未絕跡，於是出現了依託於李淳風與袁天罡等人的《藏頭詩》與《推背圖》。其中《推背圖》從唐朝開始預言，共計六十象。

北宋邵康節的《梅花易數》主張「不動不占，不因事不占」，從而擺脫了一般占卜必須占問者親臨請問的局限，影響深遠。

| 唐 | 五代 | 北宋 | 南宋 | 元 |

Corbis

| 800 | 900 | 1000 | 1100 | 1200 | 1300 |

四世紀時，君士坦丁宣布基督教為合法宗教，並開始對異教文化進行破壞，希臘的諸神被視為異端而遭到破壞，希臘的人文與理性精神也隨之消失，上帝成為了世界的中心位置。羅馬帝國衰落，歐洲進入黑暗時期，基督信仰更成了重要的救贖訴求。聖奧古斯丁提出上帝之城與俗世之城的區分，以及上帝選民的說法，認為只有選民才能得救。他原先主張人有自由意志，並認為正是因為人的自由選擇才產生了罪。但到了晚年時，他修正了自己的想法，而認為自由意志只存在於第一個人亞當身上，因此其後的人都有原罪。他認為世間的一切都是上帝已經預先計畫好了的，人無法依靠自己的力量來支配自身生命。

● 十三世紀的但丁提倡「死後世界」，人的死後命運構畫出「地獄、煉獄、天堂」三部分。圖為十五世紀義大利畫家馬丘林諾（Domenico di Michelino）所畫，由左至右分別為「地獄、煉獄、天堂」。

科學與理性觀點登場

唐朝的佛教太盛，因而到宋朝時反彈出現回歸儒家系統的理學。到明朝時，王陽明再從理學而發展出心學，主張心即一切，一切即心。心學大盛後，世人流行高談闊論，對明末的社會生活與人生觀產生莫大影響。到清朝，當政者為了掃除心學的流弊，再度鼓勵理學的系統復活，社會風氣才又隨之一變。

《紫微斗數》一書始見於明神宗萬曆年間完成的《續道藏》，傳說紫微斗數為唐朝道者呂純陽所創，後由北宋初年的道者陳希夷集大成。該書以生辰定命盤，藉由分析命盤來說明人的命運。明朝以後，逐漸成為算命的主流術數。

中國文化的部分：

明

第五十六象　己未

☷☵
坤上
坎下
比

讖曰

飛者非鳥

潛者非魚。

戰不在兵

造化游戲。

頌曰

海彊萬里盡雲烟

上迄雲霄下及泉

金母木公工幻弄

干戈未接禍連天。

聖歎曰此象行軍用火即戰不在兵之懿頌云海彊萬里則戰爭之烈不僅在于中國也。

唐朝《推背圖》，此為清朝金聖嘆註解本。

1400

其他文化的部分：

十三世紀占星學家科恩（Jehuda ben Moses Cohen）寫了一本占星專書《*Book of the Sphere*》，這是其中一張星座圖。

十五世紀佛羅倫斯興起文藝復興運動，使歐洲人擺脫了中世紀威權的主導，復活了起源於希臘的人文思想。其後啟蒙時代開始，科學大盛，從牛頓開始機械于宇宙論之後，理性主義成了人類面對人生的日益重要的根據。同時發生的宗教改革，新教打破中世紀鄙視財富的觀念，改以鼓勵個人賺取財富來榮耀上帝。

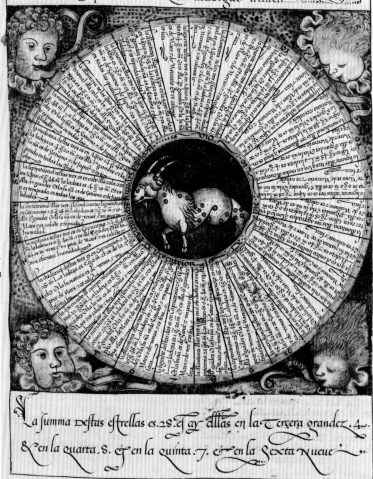

Corbis

晚明時期，袁了凡因算命先生對他命運之預言隨著時間一一印證而篤信命運，後來受雲谷禪師點化而明白立命在己之道，故在菩薩面前發願行善，在不間斷地行善之後竟使得預言開始失準，因而主張行善積德可以改變命運。著有《了凡四訓》。

明朝時，耶穌會教士來華，天主教思想在一些知識分子中流行開來。到了清朝康熙年間，因天主教教皇敕令中國信徒不准祭拜祖宗，而下令把教皇派來的公使送到澳門監禁。雍正更徹底把所有洋人都送往澳門監禁，中國自此與西方文化及知識隔絕兩百年。鴉片戰爭之後，天主教與基督教才開始大規模傳入。戰後不過數年，洪秀全即創立拜上帝會，最終釀成太平天國之亂，其影響由此可見。而清末的義和團事件，也是針對信仰基督的中國人而來。因此從十九世紀中葉後，基督信仰已經滲入中國人的生活之中。

清

Corbis

1700

1800

十五世紀時，哥白尼受到托勒密以及阿里斯塔克日心說的影響，歷時三十年撰成《天體運行論》，再次提出太陽中心說，基督教的神權體系因而受到強烈的打擊。

1492年，哥倫布發現新大陸。
1522年，麥哲倫船隊完成了人類第一次環球一周的航行，證明了地球確實是圓的。
1597年，培根發表《論文集》。
1637年，笛卡兒：「我思故我在」。

拉普拉斯主張自然界的所有問題都可以用牛頓力學而獲得解決，因此他說：「智者在特定的一瞬間知道所有力的本質作用，和組成世界所有事物的位置。假設這位智者有能力將這些數據加以分析，抓住宇宙最大的物體以及最微小的原子相同的運動方程式，就再也沒有什麼是不確定的，未來就像過去一樣呈現在眼前。」這樣的主張因而被稱為「拉普拉斯精靈」。

十八世紀下半葉，工業革命開始，鐘錶的精確度獲得極大的提升，嚴重影響著人們生活的規律。十九世紀初，蒸汽火車出現，人們在空間上的移動變得簡易而省時，而視野也獲得了開展，命運展開了各種新的可能。

十九世紀下半葉，達爾文發表《物種起源》，主張自然選擇的進化論，認為人是經由演化而來，並不是神所創造的。這對基督教會造成巨大的衝擊，觸怒教會，被稱為「畜生哲學」。
圖為德國生物學家赫克爾（Ernst Haechel）在其著作《The Battle of Evolution》（1905）中有關人類進化的一張插圖。

1781年，康德發表《純粹理性批判》。

第**4**階段
無神論・靈修・外太空

1915年，陳獨秀創辦《新青年》雜誌，新文化運動興起。次年，陳獨秀在《新青年》上發表一篇文章，主張女子要從被征服者的地位改為征服者的地位，並對儒家舊式三綱的觀念提出挑戰，為女權革命點燃了星星之火。中國女性的命運，開始進入與過去截然不同的階段。

1919年，五四運動爆發，與新文化運動結合，為中國社會開拓了新的空間與活力。擁護民主與科學，反對傳統封建思想，主張揚棄舊禮法、舊政治、舊倫理等，持續了幾千年的陰陽五行人生觀、命運觀，當然也被歸為迷信，遭到排斥。

中國文化的部分：

清

Corbis

Corbis

1900	1910	1920	1930	1940

其他文化的部分：

1807年，黑格爾發表《精神現象學》。
1808年，貝多芬發表《命運交響曲》。

1836年，叔本華發表《論自然中的意志》。
1883年，尼采發表《查拉圖斯特拉如是說》。

1900年，佛洛伊德發表《夢的解析》。
1905年，俄國發生十月革命。無神論者建立蘇維埃政權。
1943年，沙特發表《存在與虛無》。

● 社會主義者將達爾文「物競天擇、優勝劣敗」的法則套用到人類社會，產生出社會達爾文主義。影響所及，希特勒提出種族優越論，在二次世界大戰期間大肆屠殺猶太人，進行種族淨化活動，共計屠殺猶太人六百多萬名。戰爭一向是同時改變最多人命運的事件。進入二十世紀的幾場戰爭，尤其體現這種特質。

六〇年代，大陸開始嚴禁貼門神等迷信活動，並禁止出版術數書籍。1966年，大陸文化大革命開始，紅衛兵開始進行破四舊的運動，對「舊習慣、舊風俗、舊思想、舊文化」進行瘋狂的破壞。寺廟與算命攤等宗教、術數迷信相關事物自然逃不了被毀滅的命運。

相對地，「根紅苗正」、「老子英雄兒好漢」等政治正確的人生觀與命運觀則大行其道。

八〇年代，大陸隨著改革開放，對民間信仰的管制情況才出現鬆動的現象。

● 圖為文革期間（1974年）幾位江蘇向陽公社成員，演出批孔思想的歌舞。

台灣的民間信仰一直很發達。進入八〇年代後半，隨著經濟的起飛，富足的物質生活導致對精神生活的需求。宗教信仰方面，佛教大盛，顯宗密宗，各地寺廟林立、香火鼎盛。

同時，紫微斗數、西洋占星、塔羅牌、生命密碼等各種算命系統林立風行，可以看出對命運解讀的需要，也成為年輕人社會交際時的共通語言。

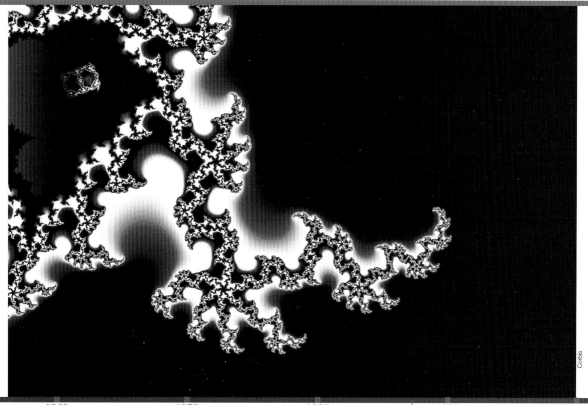

Corbis

| 1960 | 1970 | 1980 | 1990 | 2000 |

進入六〇年代，隨著嬉皮與反戰運動，東方宗教及神祕思想受到西方人歡迎。印度教、佛教及藏密等眾多帶有東方氣息的宗教開始興盛，中國的《易經》、印度的靈修等，也日益受到西方的重視。

同時，新興的宗教也在西方大有發展，統一教正是其中的一個代表。

事實上，進入二十世紀的發展，科技的高度發展與對宗教、心靈、神祕探索的高度需求，是同時發生在世界各地的現象。

1997年，複製羊「桃莉」在英國誕生，複製人的出現開始列上日程。2003年，人類DNA解碼，使得生命的神祕得以展現。這兩件事情都將為人類的命運觀導向完全不同的世界。在同一段期間，人類對外太空的探索，也出現前所未有的新進展。2001年，一位美國富商成為自費上太空旅遊的第一人。人類命運的舞台將搬上外太空，也開始列上日程。

七〇年代起，「蝴蝶效應」及混沌理論日益受到重視。這個理論主張，一個敏感的系統中，開始時即使是最微小的差異，也會造成最終結果的極大差距，從而使人們對未來的預測也因而無法實現。

● 圖為外太空中的分形（Fractals）。

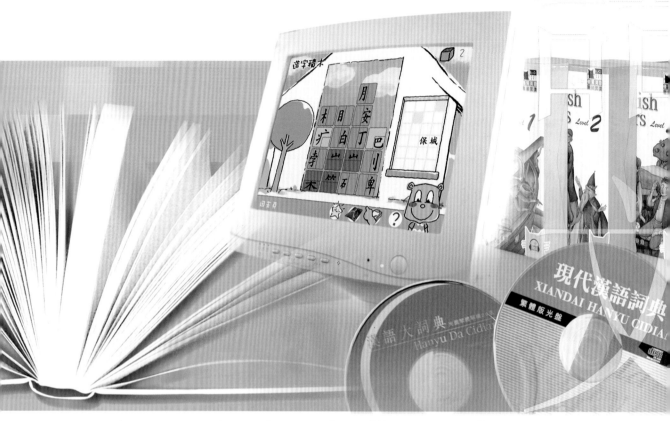

互聯網上的語文學習中心
www.CP1897.com

cp1897

電 子 教 育

Part 2
六種觀點

空與有的實踐
——佛法的命運觀

佛法認為「業性本空」，一切的業、命運都是沒有永恆不變自性的，是空的，無常的，隨時在改變的。

文—洪啓嵩

中國民間流傳著許多似是而非的因果觀念，看似警世為善，事實上卻常誤把宿命論當成因果論，以為命運是注定的，只能無奈地接受。

很多所謂「相信因果」的人，面對一切事情時，常說：「這一切都是命！」尤其是傳統的中國婦女，當先生對她施以暴力時，最常聽見的說法就是：「這是我欠他的。」故而不斷地壓抑與隱忍。

由於中國人對命運的看法，常摻和了「因果」、「業障」這些說法，因而使很多人誤以為這就是佛法的道理。我這篇文章，就是希望能釐清一下佛法對於所謂「命運」的解釋。之所以強調是「佛法」而不是「佛教」，有兩個理由。

第一，「佛教」的說法，太強調「教」，也就容易區分「教徒」與「非教徒」。這不是釋迦牟尼說法的本意。「佛法」，對一切人開放、適用。

第二，今天的「佛教」派別太多，各門各派裡的師父也太多。為了免得和不同門派的說法有所混淆，所以回歸「佛法」的原點。

佛法的因緣觀

在佛法中，其實並沒有「命」、「運」的說法與概念。

佛法認為宇宙中的一切現象，都是由「因」、「緣」所產生的。釋迦牟尼體悟了這個因緣的道理，而說出「有因有緣世間集，有因有緣集世間；有因有緣世間滅，有因有緣滅世間」。這四句話總攝了佛法的因緣觀，也是佛法的根本。

只要因緣條件具足，則一定可以產生某種結果，這就是「生」，就是「有」。只要因緣散去，則某種現象一定消失，這就是「滅」，也就是「空」。

「人」，在宇宙中的各種因緣的變化之中，各種「生滅」、「空有」之中，本來也就是一個現象而已。但是人的自我意識太強了，對各種因緣的聚散感受太強烈，因而對各種「生滅」、「空有」的對比感受也太強，終而想要以自我的意識與行為，來掌握甚至改變這些「生滅」、「空有」的現象。

人的這些行為，就是佛法中所謂的「業」。人生的一舉一動，每一個行為，都是一個「業」。而在宇宙的因緣聚散中，每一個人的每一個行為（也就是每一個「業」），都是在為這個宇宙投下一個新的「因」，形成一個新的「緣」。更重要的是，佛法中「業」的力量，其對「因」、「緣」產生的作用，並不只以一個人一輩子生命而始終。「業」，能招感苦樂果報，投生於六道之中，也就是輪迴之中。

真正讓我們無法改變命運的，是我們認為「我們被命運所控制」。

所以，佛法認為一切的業、命運都是因緣的產物，沒有永恆不變的自性，是空的，無常的，隨時在改變的。既然連「我」都是由因緣所生，那麼「我的業障」怎麼會有真實呢？真正障礙我們的，不是「業障」，而是我們認為「我們的業障無法改變」；真正讓我們無法改變命運的，是我們認為「我們被命運所控制」。

所謂的「業報」、「禍」、「福」，都是我們過去所作，其中力量最強、而現今浮在表面的業。如果我們所引進的力量超乎這個命運結構，那麼就掌握了改變命運的關鍵；或者是我們引進了智慧，明白了「原來這個結構不是固定的」，於是我們將這個結構改換的話，那麼也就超越了命運。

從這個角度，我們再來回頭看看那個經常被先生毒打，卻「相信因果」，不斷壓抑與隱忍的婦女。她那種看似相信因果，實際上卻是違背因果，這一種宿命論的觀點，其實是充滿漏洞的。怎麼說呢？如果她這輩子被老公打是因為上輩子她打他，那上上輩子呢？上上上輩子呢？……照這樣子推算回去，真是很難釐清到底是誰欠了誰。如果現在的果是過去的因，那麼現在的互動，是否正在造成未來的另一個果呢？如果忍耐沒有慈悲與寬容做為基礎，那麼反而是不斷地蓄積著另一股怨恨的能量，冤冤相報，輪迴糾纏了。

命運的本質與超越

命運能不能改變呢？

佛教裡有一個著名改變命運的例子，就是了凡居士的故事。袁了凡年少時，偶然認識了高人孔先生，他精通推算天數、命理、事情的吉凶，無論大事小事都很靈驗。孔先生為袁了凡詳細地推算了仕途、子嗣，乃至某年命終，皆一一記錄下來。袁了凡逐年比對，幾乎無一不準，從此他更相信命中一切都是天數注定，對事情也就抱著澹然無求的態度，凡事盡本分就好。

一直到某年，他在南京棲霞山遇見雲谷禪師。他和雲谷禪師靜默對坐了三天三夜，沒有一絲妄念。雲谷禪師讚歎地說：「先生靜坐了三日，沒有一絲妄念，真是不簡單！」

了凡回答：「實不相瞞，我的命已經被孔先生算定了，一切榮辱、生死都是早已注定，妄想改變也是無能為力的，所以也沒什麼好妄想的。」

沒想到雲谷禪師笑著說：「本來以為先生是個了不起的人物，原來也是一介凡夫。」

袁了凡楞住了，「難道順命而行也錯了嗎？難道還有更高的生命境界嗎？」

「丈夫自有沖天志！一般人當然是被命所定，但是對極善和極惡的人來講，運數就作不了主。你這二十年來被算得準準的，難道不是凡夫嗎？」雲谷禪師說，「你被孔先生算定的一切，都是命中本來的果報，但是如果你從今以後躬自內省，長養德行，力行善事，廣積福德，這是你自己造就的福德啊！」

禪師的一席話點醒了袁了凡，於是他在佛前懺悔，發願做三千件善事，每日以功過格詳細地記錄實踐，並每日持誦準提咒作為專修之法。

袁了凡起初的號為「學海」，自從受教於雲谷禪師時，就改號為「了凡」，意思是他明瞭立命的道理，不再同一般凡夫一樣隨波逐流。從此他時時刻刻力行善事、善念，自己感覺到生命和以前大不相同了。

如此過了兩年，他去參加科舉，原本孔先生算他是考第三名的，他卻考了第一名，且又中了舉

人。孔先生算的命已經不準了，從此袁了凡更加精進，在行善的量和品質上繼續不斷地提升。孔先生原本算他命中並無子嗣的，最後也生得一子。原本孔先生算他的壽命只有五十三歲，但是他自述其一生經歷時，年已六十九。

真正相信因果，應該如此。你知道現在的遭遇，是過去某個原因造成的。但是你也相信現在開始正面、積極地去種另外一些因，將來就會有另一些果出來。

因果五階，取回生命自主權

我將佛法中面對命運、因果的態度，歸納成五點，稱之為「因果五階」：

一、堅信因果：

要改變命運的第一個要件，就是「堅信因果」。如果認為一切都是無因由而來，是隨機產生的；或是操縱在命運之神手中，隨著其喜惡而賜予人不同的命運；或是認為命運是固定不可變的，這樣，人生在世，一切努力就沒有意義了。因果是最合乎科學的，正是要怎麼收穫先那麼耕耘。

因此，超越命運的第一步，就是要堅信因果。

二、接受事實：

堅信因果之後，對於目前所發生的一切，心中沒有不平與怨懟，不管是可知的近因，還是不可知的遠因，我們都能了解事出必有因，即使是以目前自己的智慧無法清楚地了解，還是能坦然接受目前的狀況，再決定下一步怎麼走。

無法接受事實的人，不是充滿衝突與不滿，就是常做出不切實際的空想，作白日夢。只有面對事實，接受事實，才能如實觀察自身目前的條件，進一步從這樣的基礎下，找出自己的優勢與弱勢，作出最佳的決斷。

三、不依外力：

自己要開始努力的時候，應該知道最重要的是調整自己的思想與行為模式，從這裡來改變未來的「因」。而不是祈求任何「上師」賜福或幫助他改運。現在許多人以為光是捐獻自己的財富就是做善事，跟從「上師」的指點，就可以獲得福報，這些都是偏差。

「佛」者，覺悟之人。所以最起碼的條件，是要自己能先思索，自我修行。換句話說，先要取回生命自主權。

四、永不認命：

在結果發生之前，永遠有改變的可能。在任何事情尚未發生之前，我們都要努力注入正面的條件，讓事情往最好的方面發展。

倘若我們努力了十天條件還不夠，那麼第十一天條件可能會夠；倘若第十一天條件還不夠，那麼第廿一天條件可能會夠；我們所做的努力，絕對會造成某種程度的改變。這樣我們就不再是等待幸運眷顧的可憐傢伙，而能自主掌握命運、再造新命！

這種精神，就是佛法的「精進波羅蜜」。

五、體悟空有：

當我們不斷精進，命運的發展終於達成所願的時候，我們更要體悟佛法根本的因緣，以及「空」與「有」的關係。

要知道這些成果都是各種因緣聚合的結果。再輝煌的成果，只要因緣散去，也會消失。成果中，固然有我們注入的努力，但那只是其中一個小小的部分而已。因而不但不能據為己有，也不能因而自滿。

能體會到這種因緣，以及「空」與「有」的真相，就是佛法中所說的智慧，也就是「般若波羅蜜」。　■

本文作者為作家

向生命說Yes
——基督信仰的命運觀

> 如果我有真的自由做一個真正決定，我可以相信這個決定就是天主的旨意。

口述—魏明德　整理—徐淑卿

基督信仰可能會和儒家一樣討論「天命」，但是對於「命運」，則是希望可以超越這個概念。比如說耶穌會的創始人羅耀拉（Ignatius of Loyola），他的目標是「找到天主旨意」。那麼到底什麼是天主的旨意？他寫了一本書《神操》，這是幫助人們祈禱的手冊，為的就是在生活中找到天主的旨意。

人的天命是參與天主本身的生活

他的出發點很簡單。「人被創造的目的，是為了愛他的創造者，參與創造者本身的生活。」意思是，神創造人是為了讓人參與天主本身的生活。所以「命運」是這樣的，不論發生什麼樣的事情，天主的旨意是幫助我們自由地參與祂本身的生活，這是自由參與的過程，人要自願參與這樣的生活，一個奴僕沒有辦法作這樣的決定，只能被動地接受命令而已。

如果我們知道這是最基本的前提，就可以明白沒有其他的「命運」。命運本身是一個「大計畫」，為的是能進入天主本身的生活，和祂合而為一。

當然我們在生活中會遇到不同的狀況、不同的困難。像有些人身體不好，有些人很健康，有些人貧困，有些人富有。所以羅耀拉

說：「如果我們的目標是這樣的，我們應該要了解，世界上所有的東西之所以被創造，是為了幫助我們達到這樣的目的，就是進入天主的生活。」所以，我們看待事物，包括我們自己所遇到的困難，要保留一個平常心，事物本身並沒有好壞，也就是說沒有好的命運或不好的命運，端看我面對它時的選擇，是讓它幫助我落實這個大計畫，或是成為一個障礙。

如果在疾病狀況中，我有辦法磨練我自己，發揮我自己的能力與耐心，這樣疾病反而會幫助我落實天主的計畫，進入祂的生活。如果我擁有的財富是幫助我從事教育或是協助弱

Corbis

勢者，那固然很好，但是，如果我的錢，最後讓我成為它的奴僕，那我應該放棄這個財富。所以，我是不是應該對各種狀況保留一個平常心？這是最基本的。我的自由，剛好在於面對這樣的挑戰。所以基本上沒有命運，只有不同的狀況，然後看我面對這些狀況時，是想辦法接近天主，還是背離祂。可是在每個狀況中，不論如何都可以有所選擇。也因此，擁有財富或健康，不見得表示我的命運很好，因為這有可能成為我接近天主的障礙。

尋找天主旨意的方法

那麼，如何找到天主的旨意？基本上，就是不斷去尋找祂怎樣邀請你，可以讓你活得更豐富。可是這不是抽象的豐富，而是每個人要找到他自己豐富的方式。如果我的生活是一直跟天主在一起，創造我的命運，那我真的是自由的人，我不會害怕什麼。當然，這個方向是個理想，我知道生活當中不見得都有平常心的態度，可是剛好我們的靈修，我們心靈的挑戰，就是不斷地努力要平常心一點，在生活中找到天主的旨意。

所以我們每天晚上會用祈禱的方式看一天的過程。我會先看看自己可以感謝什麼，哪些事情幫我活得更豐富，更接近天主。然後會看我哪裡不舒服，也許我自己創造一個障礙，拒絕和一個人溝通，或很憂慮等等。我作這個分析不是道德問題，而是生命的問題，我哪裡接受了生命，哪裡拒絕了生命，然後在天主前面，我可能會希望天主幫助我，讓我可以平常

心地找到解決的方式。可是另一方面，我也要保留另一種平常心，也就是不論面對怎樣的情況，都是為了幫助我了解，天主需要我的生命和別人的生命。祂需要我的生命，所以我會一直創造困難、挑戰困難。

這樣的挑戰有時是很小的，有時是很大的。一般而言，不會每天遇到大挑戰，可是每天需要一點挑戰，換句話說，天主是要我為生命說個「Yes」。我們可能天天都在對生命說「No」，只是自己不知道。比如說有人打電話找我幫忙，我可能用自己的方式說「No」，也可能我雖然說「好」，卻看不出來自己的能力可以接受多少，結果反而是在破壞我自己，所以這種情況在有些人的眼裡，也是說「No」。所以不是用一種極端的態度，接受所有人的邀請，或是不接受任何邀請才是對的，不過只要是天主的旨意，總是看得出來，我什麼時候要接受，什麼時候我要平常心地說不。

這是基督信仰對「命運」最核心的看法。有天命，但是這個天命也是需要不斷地尋找，如果正好找到這個流動的天命的話，你可以克服命運的壓力。沒有任何人清楚是好的或壞的，就看你怎樣面對。

要確定天主的旨意，其實有些方法。首先要先靜下來，有些人是散步，有些人是打坐，需要一些調整的時間來面對自己的生活。其次，天主的旨意不是一下子就可以找到。因為這是一個探索，需要比較長的時間，所以要養成每天固定的習慣。這也就是我們剛剛說的，天天對生命說「Yes」，每天要靜下來看一天的

過程，也許會有很多天比較模糊，然後有一天會看得很清楚，這時心裡面會有一種真正的平安。如果這樣過一段時間後做出一個決定，你可以相信這個決定，天主不會騙你，祂鼓勵你做。也許你做了之後會遇到一些沒想到的困難，沒關係，再分析一下，只要每個階段都是平安地做事情就好。平安是說，你很知道你的理由在哪裡，這樣作分析時，你不害怕面對狀況，就可以慢慢作比較有道理的決定，並不僅是理性的決定，也是心靈的決定。

自由的高度正好是天主旨意的高度

每個人有自己的天命，問題並不在於有沒有天命，而是什麼樣的天命。天主要每個人發揮每個人自己特別的能力、快樂與生命力，發揮這種生命力的方式非常多，主要不在於你做什麼，而是當怎樣的人。找到自己的天命，是透過人與人之間的往來，也就是說，人都有培訓的過程，有些人可能比較可憐，找不到自己是誰，因為他們找不到好的輔導，所以很多年輕人在找自己的方向時遭遇很多困難，他們是誰？什麼是他們的天命？我們都浪費很多時間在找我們自己，希望可以透過我們來往的人，由他們的幾句話，幫助我們找到自己可以做什麼，我們要成為什麼樣的人，這可能是我們主要的決定。這也很接近佛教，和天命是一體，主要是我有一個感覺，我當我應該當的，可是我不會太固執，我也知道在生命當中還會有流動，還會有改變，我會碰到原來都不認識的人、都不知道的挑戰，生活的條件也會改變，

所以並不是說我一輩子要當這個，但是我知道我現在做的是我應該做的，然後保留一個空間，為的是發展。

基督宗教強調每個人是被創造的，他有自由，可以做一些決定。所以，第一，這個自由是真的，你可以做決定。第二，可能有一些人，他們強調自由，但卻忘記這個自由是「在天主面前」。「在天主面前」並不是要控制你的自由，只是你做決定的時候還是要跟祂談一談，看是不是真的好。如果忽略這些會遭致一種危險──忘記天主。比如說，你認為你的道德原則，是從來不會變的，所以你做決定時也按照自己一貫的原則，到後來你的天主不是天主，而是你的原則，所以你會很絕對地認為，我要做我的。為什麼？因為你把個人的原則，變成你的天主。天主不是一直不變的，天主和水一樣，配合你，福音不會告訴你絕對這樣絕對那樣，他會看看是好、不好，主要是你要怎麼當人，這個人怎麼接近天主的大方向。所以天主的旨意一直在變，是在生活的流動性中可以找到的，天主旨意不是像一杯水那樣一看就知道。天主也給我們腦袋，所以找祂的旨意，成為我們自己深刻的命運。

通常我們做決定時不是完全的自由，有很多因素我們自己不清楚。如果我有真的自由做一個真正決定，我可以相信這個決定是天主的旨意，天主的旨意和人的自由是一體的。可以這麼說，我們的自由的高度，剛好是天主旨意的高度。　　　　　　　　■

本文作者為利氏學社主任

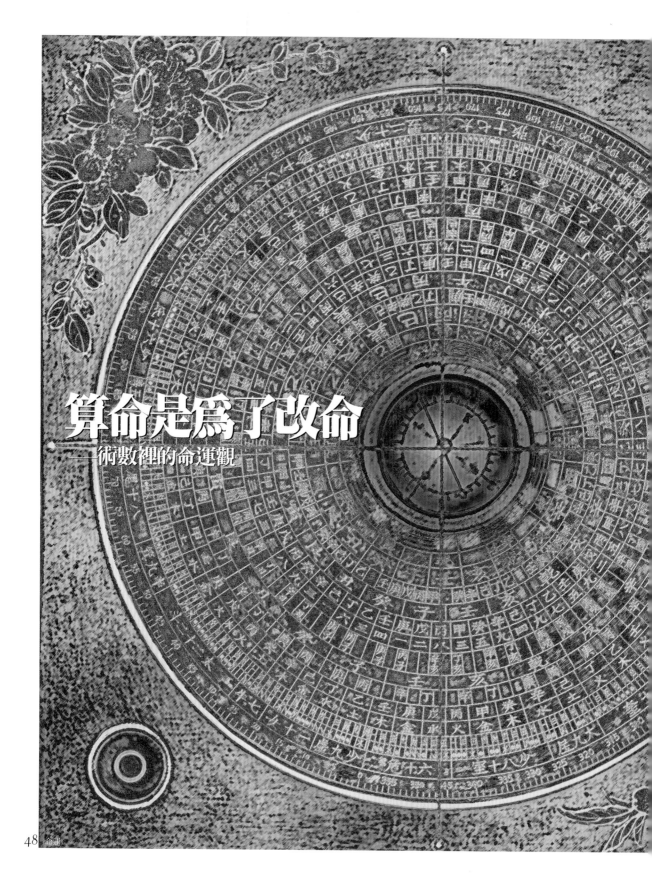

算命是為了改命
——術數裡的命運觀

Corbis

人對命運的理解牽涉到一個最難的問題就是——心靈，心靈是沒有歷史證據的，它不會留下任何證物。所以，揣測前人對於命運的看法很不容易。我們不能假設中國人是不是宿命論者，我認為人類任何的文化、宗教，基本上對人與天的看法差不多。所以算命，以及人對命運的興趣，牽涉到宗教儀式、禮儀、文化活動，不能光是在理念上了解。基本上命運是文化問題，幾乎各個民族都有處理這個問題的觀念和方法。

術數發展和科舉制度有關

中國的算命活動到漢朝才開始普遍，平民算命則遲至五代宋朝八字興起的時候。八字是由唐朝李虛中發明的（他只用到年月日三柱，到了徐子平才改加時柱，成為現在習用的八字）。唐宋時將算命稱為「祿命法」，是和科舉制度一起出來的，顯然中國的算命術在某些程度上和做官有關，普通人還沒有資格去算八字。其實古時候的人很現實，論命時也是如此。所以中國命學充滿科舉制度思想（八字中所謂的正官、正財、正印，這些都和科舉有關），也因此我們現在算八字常會遇到很多難題，比方說「夫」、「官」、「財」的定義是什麼，今昔的解釋就不太一樣。

中國人基本上是口頭說命中注定，但很少人真心相信它。

文—王明雄

早期的算命者都是出入宮廷的，唐朝袁天罡其實就是個宮廷算命家。這個習慣一直沿襲到清朝。宋朝以後，系統的算命走入民間。宋朝筆記小說裡講到杭州等都市裡的算命攤子，可能和現在街坊充斥算命攤子景象差不多。其實幾個重要的八字書，就是在京城的一些讀書人觀察朝廷的變化後，所記載下來的。像是明朝《三命通會》所寫的幾百個例子，大都是做官的命，老百姓的八字很少。

民間是怎樣算命呢？民間和道教產生關係，一般民俗宗教，像

是小孩犯煞等，很多觀念古時候就有，像是燒冥紙從漢朝到現在都沒有改。後來自稱「子平術」的命理專家，像清初任鐵樵，明朝的張楠寫《神峰通考》，都是要去闢除民間迷信神煞的信仰，基本上可以看成讀書人算命和比較接近道家的民間算命的對抗。其實清朝流行的大流年批命仍用神煞，這些寫書的讀書人基本上和相信鬼神的小百姓的算命很不同。純子平術其實並不很可取，我在初學算命時很不願談神煞，後來才發現不談神煞，算命用處不大，因為人間的問題和凶神惡煞有關，和宗教有關。算命被稱為星命是有道理的，因為星命與人的命運是宗教問題。

算命是一種生活方式

中國人偏重綜合性的思考方式，思考生命的問題時，它同時是文化問題、藝術問題、生活問題，也是政治的問題。這種特色顯現在易經占卜上，這是一個同時去體會空間、時間、概念、感覺，又同時展現特定靈視的那種能力。甚至中國發明文字就不全是為了傳播溝通，可能比較是為了對付命運的問題，不信你看中國人創造文字背後原始的功能，都是為了鬼神問題，是有宗教含意的，做為溝通工具是以後的事情，甲骨文就是一個例子。所以古時候的人算命也有多種意義，它不僅是想預知未來，同時也是一種儀式，比方說出生時是要排八字的，不是為了知道這個小孩以後會怎樣，他就是一定要有一個八字。

其實中國人一直都不是宿命論者，因為中國人不是用單一方式去想問題，歷史是文學，文學是歷史也是藝術，沒有什麼純藝術。五四運動以前的中國人，算命不僅是算命，也是一種生活方式、一種休閒，是非常快樂的事情，文人也會研究，自己批八字。它同時也是一種人際關係。像是《登科錄》，以前皇帝用一個官，或一個人中了進士後，還要向朝廷報告作了什麼夢。所有進士在考試前幾天或幾個月，發生了什麼事都要向皇帝報備，看看是否有什麼異狀，他們相信這個事就把它寫在《登科錄》裡。清朝康熙、雍正皇帝，他們奏摺裡面都有別人的八字，也常討論，對政治影響相當大。

算命還影響到生活各個層面。就以蓋房子來說，《營造法式》、《魯班經》，哪一樣不是和算命有關？另外，最重要的是宗教。以中國的戲曲活動來說，原本戲曲就是為了宗教的功能而設的，它和命運當然有關係──戲曲的最大目的是消災，它演述的是中國人對抗命運的方法。所以不能單獨用哲學的方式去討論中國的命理學，而是要把它放在中國文化史裡來討論，就像以前把算命術歸入《藝術典》一樣。

算命的功利性

算命除了是一種生活方式外，中國人算命還有一個目的，就是為了改命。改命的活動是自古即有的，像是漢朝有巫蠱之禍，就是利用蠱去影響政治，不就是改命嗎？算命的人應該告訴人原因以及如何解，這在中國民俗是非常

發達的。我們的命理文化等於是幫算命的人解決問題的文化。

根據我的觀察，近代科學家與西方社會學家因為採用科學原理和邏輯，應用或然率和統計學做為研究方法，比較相信宇宙事物發展有一定的公式和規律，他們比較不信人的意志可以改變自然律，也就是說他們不太相信超自然律，而視之為迷信。只是他們並沒看出自己這種信仰就是相信命中注定的道理。不相信科學原理或認為宇宙運行沒有必然性的常人，卻多少對人的命運心存僥倖，這種人相信萬物運行的偶然性，而非必然性，其實這就是中國人的信仰模式，也可以說中國人基本上是口頭說命中注定，但很少有人真心去相信它。中國人看來迷信，其實是相當世故而精明。

在原始社會，大小事都問占卜，但是都有人的參與。最早談到命學的古書《尚書》有所謂「立時人作卜筮，三人占則從二人之言」（〈洪範〉）。由此不難看出，古人對問神的效用仍然半信半疑，所以不能決時還得要多問人。在決定過程中，即在決策之前，首先要用心思考，同官員們商議，徵求平民百姓的意見，以及看占卜、占筮的答案，並要在1.國君自己、2.卜人、3.筮人、4.卿士、5.庶人這五個意見中，按照五個方面的抉擇原則去權衡。這也是很合乎民主精神的。

我們可以說中國人對天的敬畏，多少是因為相信命運是受天左右，古人是相信天命的。但是人也可以去改命。中國人發展的宗教行為，主要是想用宗教來和老天談判，因為相信人可以用膜拜、祭祀，甚至用鎮壓、管束或賄賂的方法，對付帶給人們好運或不幸的鬼靈，或進行其他種種改命的行為，比如求子、求官、求財、消災解厄，所以中國人信神的特點是相當功利的，其目的是為了改命。

算命或推命基本的前提是，命是可以被算出來的。在清末開始流行星命合參，所謂星命合參就是把流行在宋朝以前、主要從西域傳來的五星法，配上八字和紫微斗數一起來批流年。在民間星命合參的大流年，通常交代一個人命盤裡的十二件狀況，即命宮、兄弟、夫妻、子女、財帛、疾厄、遷移、奴僕、事業、田宅、福德、父母，此外也談到個性或特別遭遇，比如某年某月會生病，官非、血光、失財、見鬼等等。另外，最主要是要寫出一個人的大限，也就是死亡的可能時間，以及死時多少子女會在旁送終。

不過，命可以被算出來仍然有或然率。某些人的某些事是定死的，但也有很多別的方面卻不定。到底哪些是先天定死的，這就得看算命人的本事來推了。不過，顯然其中或然率非常高，才會有這麼多人能靠算命吃飯。這當然也說明了中國人相信命中注定的傾向，只是我們不能忽略一個重要的事情——中國人算命的文化得以發展並不是因為完全聽天由命，而是積極地想搞清楚自己先天會如何，以便可以去找到方法改變它。　　■

本文作者為命理學家，作者網站www.bakwa.com

命理與科學的交會所在
——醫學的命運觀

文—李宇宙

「今天我路過街口的時候，又看到一樁車禍。我總是會撞見不祥的事，這不是第一次了……」這是一個正接受精神分析個案的自述，老覺得自己命中帶煞，不幸的事一直在身邊徘徊。其實他並沒有精神分裂或憂鬱症，也不是有什麼親人過世的殤慟反應。家人帶他去算過命，也央道士作法消災改運，但是情形依舊。他因此而養成盡量不要路過街口，或者路過街口時就必須合掌念佛三次的習慣。

精神醫學上通稱這叫「魔幻念頭」（Magic Thinking），隨時有強迫性的不祥感必須排解，連自己都覺得荒謬。就像電影中的伍迪·艾倫，老是覺得有朝一日天會掉下來而惶惶不安，我們稱為杞人憂天。

東西方文化之命運建構

相信命運掌握在自己手裡，或不相信自己老會碰上倒楣的事的人，雖然會被認為「鐵齒」，不過大概不算是壞事，至少不會讓人覺得無助。可是現實生活中，令人難以接受的意外卻不少。除了巧合之外，命運大概是最常見的解釋方式了。醫學工作者要比旁人有更多的機會目睹「命運」對人的捉弄，譬如：遇上醫學完全使不上力的罕見疾病時，大家只能眼睜睜等待命運的裁決。這種「個案」的生命意義，似乎就只是為了告訴人們，有這麼一種疾病存在，成為醫學雜誌的案例報告彷彿就是最終的命運。一個溫良謙恭者，卻可能善有惡報地遭遇極大的不幸。某些家族遺傳性疾病，有著非罹患不可的宿命基因，命運的圖譜一出生便被寫妥，容許轉圜或操作的空間已經所剩無幾。命運是不是也像醫學的問題一樣，有難以拂逆的必然性，抑或還有抉擇的可能性？

命運一詞從個人到群體，在敘事的脈絡裡大抵都是指壞的，或是無從抗拒的，帶有悲劇性的意涵。希臘羅馬人所謂的命運三女神，主宰的就是出生、存活、還有死亡這樣的人生大事，三者就如同螺旋紡錘一樣，交織成生命的真相。在所有的文明中，「命」都被指涉為天意，或神的旨意，天命是不可違的，對天意從事詮釋解讀便是預言。而「運」則是指可加以破立修改的趨勢，運勢似乎能夠透過排解或加碼後而招致好的結果。有所謂生來命好的人，運氣不見都得好；有人天生歹命，但運氣還算不錯。

在東西方文化中，命與運的歷史概念都是分別被不斷地建構的。在希臘神話裡，人類有別於諸神，有著必然死亡的宿命，基督教義中人則有原罪的宿命。儒家的思維裡，道之將行將廢也都是命，像孟子說的，非人力所能及，「莫之致而至者」叫「命」。有許多外在世界對人的影響，的確非人的知識所及，問題是，透過某種神祕經驗的方式或是科學研究，可否真能掌握人的命運？

中國傳統醫學有所謂「厄年之說」，意指人的一生有不同的年齡忌諱。其中還有性別差異，譬如男子二十五歲、女子十九歲為容易遭逢災厄的年齡等等。現代流行病學的危險因子

分析,的確有高危險年齡層的統計,二十到二十五歲年齡層最大的死因不外自殺與意外,就是例子。西方國家也有生物律的邊緣科學,譬如人有三十三天的智力週期,二十八天的情緒週期,近代生物節律學探討的也是同樣課題。

十八世紀末到十九世紀初期,西方的「顱相學」曾經盛極一時,當時認為顱骨外表的特徵與腦部功能有密切的關係,是典型的「科學面相學」。國內當年還有人就此討論白曉燕命案兇手陳進興的凶相和犯罪傾向。但是顱相學不久就被揚棄了。畢竟人的心理流程或性格傾向,如美德、殘暴等等素質,很難下確切的定義,更談不上客觀地做研究。

中國傳統的陰陽流年詮釋、面相、骨相、手相等等,在西方庶民文化裡都能夠找到相應的命理知識系統,雖和西方的科學邏輯思維有著不同的知識論,但其目的性是一致的。迷信附會和科學理性之間的衝突,尚有賴文化心理學的思索。

科學與占卜都為掌握命運

巧合意外的事件,往往容易引發人們的注意,而選擇性地留藏在記憶中,例如創傷事件就比一般日常經驗要容易成為記憶的形式。經由認知和信仰,透過潛意識作用的轉嫁,人們對外在世界的經驗也易和內在的心理預期引起偶合的作用,而自行連配。問題是我們為什麼會特別留意一些巧合,或機率較微的事件;又為何會印象特別深刻,而選擇性地留存記憶?

相信有命運的存在似乎有好處:當人們相信自己命好或運氣不錯的時候,高報酬指數的預期會增強我們的動機和投資行為,好比某些賭徒的心理。反之,人們也會有覺得天生歹命和運勢欠佳的時候,這種歸因大抵有著平衡補償的心理作用——寧願相信並非自己努力不足或技不如人,而是非戰之罪。

社會心理學者哥登‧歐波特(Gordon Allport)曾說過,占命卜卦所處理的其實就是「現實生活中揮之不去的問題所遺留下來的陰影」。在現實世界中我們總要比家裡的小孩和貓狗更善於解決問題,人類本來就擅長於抽象思考,基於需要,在成長和發展中經年累月地演練我們的預測能力、計算或然率和解決問題的能力,命運說的濫觴即是在此。所以嚴格來說,命運所處理的,其實是人本身,或者是焦慮,或者是恐懼等無能「安身立命」的問題。

這些行為主義或心理科學主義式的概念拆解,毋寧有點犬儒,或者過於阿Q,失卻了人的道德主體性,只是任憑「命運」宰制。在自然科學的邏輯上我們不得不承認,人還是有機會能夠掌握一部分命運的。即便是動物,譬如天災地變前昆蟲的遷徙行為,難道不是對自己的命運有更好的「掌握」嗎?社會科學的觀點認為,人們在某種生活秩序中有些情緒或心理的要求,因此將意圖掌握命運的術數視為經驗世界中的社會現象,是人們內部意識活動的範疇。哲學家也寧可討論天命、義命,或是存在的悲劇等等,在決定論的宿命框架下,褐櫫人

的「自由」的命題。道德抉擇的神聖性之一，就是「存在先於本質」，或是在超越宿命的實踐上。所以在日常生活裡的占卜或解夢較不同於通靈術，較被用於善行與生活指導的一面。星座之說成為後現代社會庶民對自己身分認同和人際溝通的次文化行為，其實也不失幾分自我創造的意涵。

上古時代的占卜是一種宗教行為，是用來請示神明的，並非為了預測既定的未來。但是逐漸地占星學興起，人類的文明不斷地努力在生存的世界裡尋找自然的法則，從環境變化到族群、個體的反應等等，想像必然有一個命運的轉輪支配著個體。因此嚴格說來，占卜或象數是一種詮釋個體或人的命運的藝術，而非因果既定的科學。但是如果科學的定義可以擴充超越諸如物理化學等所謂「常態」科學的定義範疇，我們也難以說談論命運是不科學的。當代心理科學和精神醫學將人進行人格與個性的分類，或劃分生命的發展階段，在某種意義上來說，不外也是一種意圖掌握命運的技術。

天命與宿緣的心理學詮釋

在發展學中，人有所謂的天生「氣質」（Temperament），譬如活動性、情緒反應度、行為持續性，或對外界的依存度等等。某種程度上，也可以說就是「天命」。這些命自然會影響著家人或外界的對待，導致不同的教養方式和發展途徑，這就是所謂「宿緣」了。儒家所謂四十而不惑，五十而知天命；西方心理的個體生命發展目標，都是某種意圖掌握命運的立意取向。當人們能夠察覺自己的「天命」和「宿緣」時，自然會有更多的機會來趨吉避凶，或者獲致比較有效的自我實踐技術，遭致好運道的機會自然較多。

近代科學或醫學的確比過去任何時候還能預測一個人的身心健康狀態，雖然還不能夠預測家庭幸福和社會成就，但至少能夠知道如何避免讓處境變壞。各種類型的占卜算命師也一樣，他們從來不能肯定厄運或好運會在何時，或以何種方式發生，因為先見之明只有在衡量環境因素和目的意圖的情況下才有可能。但無論是科學預測，或是命理的詮釋，都有著趨勢索隱的參考價值。

也許人們過了三十而立之年，就必須懂得為自己的流年運勢負責。但是在命運的了解和掌握中，也有著弔詭的一面。希臘悲劇裡，盲眼的智者曾經向伊底帕斯的父王預言，兒子將會弒父娶母的宿命。父親為了逃避這個宿命，便將伊底帕斯遺棄在野外。二十年後，伊底帕斯果然於路途中意外殺了不相識的父親，並且娶得其母，登上原本屬於他的王位。當國境瘟疫橫生的時候，關心民瘼的伊底帕斯王渾然不知，瘟疫竟來自於本身。命運藉著對命運的逃避反而得以實現，一語成讖，這是反諷掌握命運行動的經典敘事原型。伊底帕斯王最後必須自戕雙目而自我放逐，其實也意味著，人的自我洞察殊為不易。　　　■

本文作者為台大醫院精神科醫師

紅色光輝照耀下的命運問題

——無神論的命運觀之一

不管命運把他拋到哪裡，他都可以憑〈國際歌〉的熟悉曲調給自己找到同志和朋友。——列寧

文—張爲

　　馬克思主義者不大談命運問題。最直接談這問題的是史達林。他在上世紀中說過：

　　「馬克思主義者是不相信『命運』的。命運這概念，即『希克查爾』這概念本身就是偏見和胡說，就是古希臘人的神話這一類東西的殘餘，古希臘人認爲命運之神支配著人們的命運。」

　　「『命運』是一種不合乎規律的東西，是一種神祕的東西。」

偏見和胡說

Corbis

　　這種觀點，隨著史達林主義的衰落，當然不再盛行。現在大陸理論界的看法，是用馬克思主義奠基人關於人的本質的理論來闡釋命運。馬克思反對對「人」作抽象理解，主張：「人們每次都不是在他們關於人的理想所決定和所容許的範圍之內，而是在現有的生產力所決定和所容許的範圍之內取得自由的。」因而個人不是無所作為，但他要受環境的左右。在這種觀點指引下，一位作者高裕民認為：「馬克思主義認為，所謂『命運』，無非是人生的一定遭遇，即人生所處的

自然、社會客觀環境和人們改造自然、改造社會的主觀努力之間錯綜複雜的結合而產生的結果。」

另一位認為：「命運是指人的生命主體與其賴以存在的環境在相互作用中所形成的生存狀態及生命歷程。」（蔡永寧）

這種解釋，就社會主義國家的現實情況說，可說是比較適用的，因為它既指出了客觀環境的重要性，又強調了個人的主觀努力。就是說，人的命運既受環境制約，但人又不是無所作為。

同這種命運觀相近的，中國大陸領導人說過：「年輕同志必須把自己的命運同祖國和人民命運緊密地聯繫在一起，自覺地為建設有中國特色社會主義的偉大事業而奮鬥。」（江澤民）依此說來，馬克思主義承認命運，條件只是不要局限於個人處境而已。

老子英雄兒好漢

按上面的解說，「命運」既存在，而且可以靠主觀努力使之改變。但是，很顯然，馬克思主義的另外一個規定限制了改變命運的可能。這就是馬克思主義的階級論和專政觀念。

馬克思主義認為，必須站在以工人階級為代表的被剝削被統治的生產勞動者立場來認識和改造人的發展史。馬克思說過：「各個人可以看到自己的生活條件是早已確定的：階級決定他們的生活狀況，同時也決定他們的個人命運，使他們受它支配。」（《德意志意識形態》）照這說法，在無產階級專政之下，剝削階級，包括剝削階級家庭出身的人，命運天然地不濟，以致很難改變。這種情況，在「文化大革命」初期發展到極點，表現就是六〇年代中期那個著名的口號：「老子英雄兒好漢」。當時「文革」兩派的爭端，便是這個口號。實質上是：剝削階級的後裔是不是注定要成為革命的對象？後來，著名的年輕人遇羅克寫了一篇《出身論》名文，為一切出身不好的青年吶喊呼籲，他後來的命運是成為烈士。階級成分不好，不僅在「文革」，即使在平時，也始終是人們的一個包袱。

不僅是階級出身，即使是知識分子，在中國大陸極左思潮統治時期，也天然地命運不佳。這方面，余英時教授最近作了很好的概括。他的一篇近作命名〈「人生識字憂患始」〉，副題是：「中國知識人的現代宿命」，很能說明知識人的天然處境，即他們命運蹇劣的不可改變性。余先生舉了一個在中國知識界頗有名聲的知識人為例，說他經過多少年寒窗苦讀，「用古典文化為自己建構了一個強固的精神堡壘」，但他在精神上的歸宿，「只能使他『立命』，而不能讓他『安身』」。多讀書的結果，此人最後竟在祖國無容身之地。

馴服工具和螺絲釘

因此，在無產階級專政下，一個注定命運不濟的人，唯一的出路，便是努力思想改造，做革命的「螺絲釘」，當個「馴服工具」。只有這才能改變一個人的命運。上舉余英時文也舉了一些這方面的著例。一位國際著名的中國大哲學家，原來命運坎坷，後來接受改造，寫出上面合意的文章，於是處境立變。這位學者感激之餘，寫了一首詩：

「善救物者無棄物，善救人者無棄人。賴有東風勤著力，朽株也要綠成陰。」

通過思想改造來改變命運一舉，應當說最早

是列寧時代的產物。列寧時代的哲學家努力從哲學遺產中尋找根據，他們把黑格爾的總體必然性和康德的絕對命令結合起來，剝奪了個人的一切權利，使個體不可避免地成為「螺絲釘」和「馴服工具」。巴甫洛夫學說啓發了俄國的革命家，發現人同狗一樣，環境可以改變人的心理和生理，創造出新的反應機制。通過重複的灌輸和指令，人的大腦會對一定的術語和名詞產生條件反射，自動地做出與灌輸者和指令者相　致的反應。因此，俄國的革命領袖，從列寧、史達林到托洛茨基、布哈林，全都認為革命可以改造人，人不過是環境的產物，因而將一個人的命運同其人思想改造的程度相適應。

所謂「馴服工具論」，在中國大陸「文化大革命」中遭到過批判。但這不是說由此否定了思想改造。「馴服工具論」，沒有說明思想改造的自覺性。馬克思主義要求的思想改造，是自覺地改造自己的主觀世界，即所謂解放思想，破除迷信，敢想敢說敢幹，「即使對『老祖宗』的話，也不能一味迷信」。但是，縱然如此，「最高指示」是不能違逆的。不然，此人的命運岌岌可危矣！毛澤東在晚年，把一切學術理論問題都歸結為你死我活的階級鬥爭，實行「全面專政」，把個人利益原則視為「最近視的個人主義」，提倡所謂馬克思加秦始皇的專制統治。如是，又難道還有任何個人命運的改變可言？

因此，在當年的中國，「命運」二字多用來形容在改造途中不幸掉隊的人的處境。作家牛漢，多年努力革命，1954年忽被欽定為胡風集團反黨分子，由此一落千丈。他近出個人資料，命名《命運檔案》，頗中肯綮。

摸著石頭過河

應當説，在中國，從鄧小平時代開始，命運觀來了一個大轉變。

不管怎麼説，在過去幾十年，乃至上百年，在馬克思主義統治下，人的命運是不可改變的。但到1979年，鄧小平正式提出實踐是真理的唯一標準，轟然沖決了過去為改變人的命運設置的種種羅網。「實踐」也者，就不是政治教條，不是首長命令，而是個人和集體的作為，由這來決定一切。當然，在社會主義國家，個人作為也有無數限制，但是逐步推行的市場原則、法治措施使得作為的可能性日益增大。鄧小平沒有正面論述命運問題，但他讓中國告別烏托邦，提出「摸著石頭過河」，顯然對發展馬克思主義的命運觀有重大意義。一個人，不再靠階級出身，不再説違心的媚語，而是一邊摸著石頭，不要讓水淹著，一邊向前邁進。這當口，説不定要嗆幾口水，但是，越往前走，一定越能穩妥地前進。「掌握命運」，此之謂也。

列寧曾經預言：「一個有覺悟的工人，不管他來到哪個國家，不管命運把他拋到哪裡，他都可以憑〈國際歌〉的熟悉曲調給自己找到同志和朋友。」

〈國際歌〉反對救世主，強調自主解放，應當説是主張人們掌握命運的開始。遺憾的是，馬克思這位上帝給人們提供的自主解決、改變命運問題的道路委實漫長、崎嶇了一些。但不論如何説，在當今中國的紅色世界，不管命運把一個人拋到哪裡，只要他了解市場經濟（而不是〈國際歌〉）的熟悉曲調，出路和朋友會比過去多得多。■

本文作者為北京青年作家

性格所決定的命運

——無神論的命運觀之二

性格影響行為，但是行為也影響性格。因此調整行為模式，也就可以調整性格。

文—郝明義　　攝影—江世賢

面對命運的態度有很多種。

如果不想接受宗教，接受神的指引；如果不想從術數裡了解命運，接受一些超自然的解釋；如果基本上只是相信天地之間只有人的作用，但又不想踏上上一篇文章所說的紅色光輝的道路；如果覺得哲學思考是一條路，但又不想投入那麼多的時間，其實還有一個面對命

運的態度。那就是相信自己的性格，或者説個性，在決定你的命運。

　為什麼某個人總是在愛情的路上遭到別人欺騙，某個人在錢財上總是要遭到欺騙，與其説是冥冥中別有力量的安排，不如先多加了解自己的個性為什麼會導致這些事情一再發生在自己身上。

　性格和DNA有關，但光是這麼説，就成了性格與遺傳有關，又變成某種「命定」之説。性格，固然和先天有關，但是仍然有後天可以著力之處。

　為什麼性格在影響命運，以及為什麼可以從後天上調整性格，大概可以做以下分解。

一、命運是人生一段一段的路程所構成的。

二、為什麼這樣走這一段路（起碼在比較成年之後），是每個人性格的傾向使然。

三、性格影響行為，但是行為也影響性格。

四、因此調整行為模式，也就可以影響性格。

五、行為模式，也就是慣性反應模式。

六、因此如果調整你碰上什麼事情的第一時間的反應慣性，就可以調整行為模式。

七、從此，也就可以引發一連串後續的作用。

　所以，説起來，如何打破「慣性」反應和「慣性」思考，成了最重要的課題。

兩類慣性

慣性，可以分為兩類。

　一類是人類碰上許多事情會普遍反應的慣性，譬如大家碰上挫折總是先感到沮喪的慣性。人的共同的慣性很多，從某個角度來説，也是人生對命運會苦惱的事情，雷同得厲害的一個原因。

　另一類慣性，是個別的人才會特別出現的一種慣性，譬如某個女人碰上打她的先生，不但不趕快處理，反而忍氣吞聲。有些人在人生路上一再碰到別人看來不可思議的事情，就是一再以他或她特有的慣性

反應來面對同樣的事情。

　共通的慣性和個人特有的慣性，都很難打破。

　共通的慣性之難以打破，是因為大家都有這種慣性，視為人性之常，所以很容易覺得那是不需要打破的慣性。

　個人特有的慣性之難以打破，是因為「寡人有疾」，所以當事者不是故意把它隱藏起來，就是「甘之如飴」。所以不合「常理」的事，在他或她那裡又特別能堅持下去。

　在普遍性的慣性上，如果説有什麼是最值得第一優先去思考改變的。大概有兩個。

　一個是碰上沮喪的慣性反應，一個是生氣的慣性反應。

　碰上不如意的事，或甚至倒楣的事，沮喪是可以理解的慣性反應。要打破這個慣性反應，可以對自己提出一個問題：「在這件倒楣事裡，到底有沒有隱藏著什麼美好的禮物等我去發現？」經常這樣想，不只是可以轉移自己對沮喪的感受，更重要的是，會鍛鍊自己找到那個禮物的能力。能力強了之後，就一定會找到。（當然，碰上得意的事，也不要把高興當作自己的唯一慣性反應，同樣地，可以對自己提出一個問題：「在這麼好的事情裡，到底有沒有隱藏著什麼地雷等著要爆炸？」）

　碰到別人做了什麼讓你不滿意的事，刺激你的事，生氣是可以理解的慣性反應。並且別人犯了越大的錯，我們容易生越大的氣。不過如果這麼想一下的話，大致就可以打破這種慣性反應了：「何苦拿別人的愚蠢行為來懲罰自己？」在這個邏輯之下，別人犯的錯越大，他的「愚蠢」越大，我們當然越不能用他的「愚蠢」來懲罰自己，也就是越不能生氣。

　有人説四十歲後的人，不可能改變性格。但是如果不談改變性格，而是談改變慣性，倒是隨時不嫌晚的事。　　　　　　　　　　　　　　　　　　　■

www.30.com.tw

25～35歲，人生關鍵十年

讓30而立　成為超越自己的跳躍動力

讓30當家　成為許諾自己的擔當勇氣

一個當家的年齡
一本當家的雜誌

《30雜誌》，國際財經資訊·理性工作觀點·夢想的人生方向

《 網路與書 》 貴賓訂戶優惠訂購單

9310M

☑ YES！我樂於從 ＿＿＿ 年 ＿＿＿ 月起成為《30》創刊訂戶，享有：

創刊優惠：訂閱《30》雜誌一年12期，只要 **999** 元（原價2,376元）

創刊驚喜：抽Panasonic X11手機等多項大獎

◆ 活動日期：即日起到2004年10月31日

◆ 抽獎日期：得獎名單將於11月15日抽出，並公佈於《30》網站www.30.com.tw

◆ 讀者服務專線：(02) 2662-0012

市價13,800元

訂閱資料

（請影印放大後直接傳真至：(02) 2662-00□□）

訂戶姓名：＿＿＿＿＿＿＿＿＿＿＿　□先生 □女士

E-Mail：＿＿＿＿＿＿＿＿＿＿＿（訂戶活動訊息，請務必填寫）

連絡電話：(H)＿＿＿＿＿＿＿　(M)＿＿＿＿＿＿＿

發票抬頭：＿＿＿＿＿＿＿　統一編號：＿＿＿＿＿＿＿

收件地址：□□□＿＿＿＿＿＿＿＿＿＿＿

付款資料

信用卡別：□ VISA　□ MASTER　□ AMERICAN EXPRESS　信用卡號：＿＿＿＿＿

信用卡有效期限：西元＿＿＿＿ 年＿＿＿＿ 月（請留意信用卡上月／年的標示，務必填寫）

持卡人簽名：＿＿＿＿＿＿＿（與信用卡簽名同字樣）

此次訂購總金額：雜誌＿＿＿ 元＋掛號郵資＿＿＿ 元＝總金額＿＿＿ 元（1年12期另加掛號費240元）

Part 3
一些思考

時運、命運與改運

既然命運無法預知，也難以改變，那麼，快樂地活著，
在人生的路上，設法讓自己的能力得到最大的發揮，才是最重要的。

文—黃文璋

　　在章回小說《封神演義》裡，姜子牙三十二歲上崑崙山學道四十年。一日元始天尊把他找來，說他生來命薄，仙道難成，只可受人間之福，要他下山協助周室滅商。姜子牙苦苦哀求，情願在山上修行。元始天尊說：「你命緣如此，必聽乎天，豈得違拗？」姜子牙戀戀難捨，南極仙翁勸他：「機會難逢，時不可失，況天數已定，自難逃躲。你雖是下山，待你功成之時，自有上山之日。」

　　姜子牙無奈地下山，投靠他的結拜兄弟宋異人，宋異人對他很好，在其相助下，做了幾次生意，卻都失敗。姜子牙說：「承兄雅愛，提攜小弟，時乖運蹇，做事無成，實為有愧。」宋異人說：「人以運為主，花逢時開。古諺有云：『黃河尚有澄清日，豈可人無得運時？』」

宿命論者的命定論

　　上述故事提到了命、運、時，它們的含意究竟為何？許多人認為人之禍福窮通，皆為上天所支配，這就是「命」。而「運」就是氣數，「命運」就是人之氣數。「時運」則是一時的運氣。所謂時運亨通、時運不濟，就是指一時的運氣好或不好。命運是指整個人生，時運則是一時的。「命」是生來注定，不可抗拒；「時」則日有所變，有如上天隨時在給人們機會。但要自行

把握，否則時機稍縱即逝。時運雖是短暫的機運，但過度不佳，有時就造成命運不好。如在《史記‧項羽本紀》裡記載：

暴秦無道，群雄並起，逐鹿中原，最後只剩楚漢之爭。項羽被圍垓下，兵少食盡，夜聞漢軍四面皆楚歌，乃悲歌曰：「力拔山兮氣蓋世，時不利兮騅不逝，騅不逝兮可奈何，虞兮虞兮奈若何？」

時運不在自己這方，不可一世的項羽，最後自刎在烏江邊，天下為劉邦所得。

由於對茫茫的未來無所知，有些人會去算命，或求所謂高人指點迷津。生辰八字、面相、手相等，都是算命時之依據，也似乎有些人被認為算得很準。前面提到姜子牙雖無法看清自己命運，但《封神演義》裡說他善能識風水與陰陽，精通命理。幾度做買賣失敗後，宋異人收拾一間房子，讓他在京城朝歌開命館。開張後幾個月全無生意，有日一賣柴的前來算當天的運。姜子牙卜了一卦，說他那一擔柴可賣一百二十文。當有人叫買木柴時，那好作怪的賣柴者故意開價一百文，少討二十文。在等主人進入拿錢時，由於賣柴的一向勤快，順手將地上柴葉掃乾淨。主人出來一看很高興，多給他二十文，結果還是得到一百二十文。自此轟動朝歌，姜子牙相命神準，遠近聞名，這是姜子牙發跡的開始。

宿命論者認為人生就如那位賣柴者，不論你如何走，結局還是遵照上天所設定的。你以為是自己的選擇，其實正如高雄到台北有很多不同的走法，有快有慢，有順暢有崎嶇，終點卻在那兒等著你。看過《雙面情人》（*Sliding Doors*）那部電影嗎？女主角葛妮絲‧派特洛（Gwyneth Paltrow）搭上地鐵或錯過地鐵，人生遭遇完全不同。電影中平行地述說兩種版本的發展。一秒鐘的決定，就這麼使生活產生極大的轉變。但在電影結束前，兩條劇情線卻要相交了。用機率裡的大數法則來說，就是一件事過程雖起起伏伏，但最終平均而言，會呈現它所該有的。

不分中外，自古以來，上自君王，下至庶民，就是一直有人想要知道自己的命運及時運。而光知道還不夠，若運不夠好，最好能設法改運。即使科學再進步，號稱能改運的江湖術士，一直未見減少。《封神演義》是個神話故事，書中那些神仙，個個能知道過去與未來，我們就姑妄信之。但俗世裡是否真有人可「一張鐵口，識破人間凶與吉。兩隻怪眼，善觀世上敗和興」？有人好運連連，有人禍不單行，上天難道真厚愛某些人，而不喜某些人？對那些自認時乖命蹇，不為老天所垂愛者，是否能藉由求神問卜，或找人看風水陰陽，而轉為時來命通？

周遭常會聽到某人算命很準，信徒不少。但也屢見替人改運不成，而被控詐欺的報導。是否真有人具備算命或改運的能力？或完全只是無稽之談？底下將以機率與統計的角度，對時運、命運及改運，做一些初步的探討。

必然性與隨機性交錯運轉

宇宙的運轉，是必然性與隨機性交錯著進行。諸如下次日蝕、月蝕及金星凌日是何時，都可精確地算出。但正在接近台灣的颱風走向，則不易掌握。必然性使人們願意事先好好地準備：球隊挑選好的教練及爭取好球員，學生設法進入好大學。但光有必然性的世界，可能使人們對未來失去盼望，少了努力的動機。試想如果各球隊陣容一擺出來，就可算出哪一隊實力最強，穩獲冠軍，那還有人想看球嗎？如果進入好大學便確保將來必定成功，進入較差大學將來就前途黯淡，那還有大學生要努力嗎？

光有隨機性的世界，一切全憑運氣，也沒有人要努力。只有必然性或只有隨機性的世界皆無法運轉。必然性搭配隨機性，使人生有些保障，而生活中又隨時有不確定性，如此一來，世界才能生生不息地運轉。

現代統計學的發展始自十九世紀末，今日它已成為作決策的科學依據之一。善用統計並不能保證所得到的決策一定很好，但可以保證在所設定的條件下，無法得到更好的決策。諸如算命、由星座看個性、算姓名筆畫、心理分析，甚至醫生問診，其實都是在做統計工作：收集資料，整理分類，以作為判斷推估的依據。只是一般人對統計常只視為簡單的數學，而未能了解其中隨機的概念。例如，機率值會變，是隨機現象裡的一個特性，所謂條件機率是也。許多人疏忽此點，以致常會做出錯誤的判斷（請見附文說明）。

有人收集很多「好命」及「壞命」者之面相及姓名筆畫，加以整理與分析，而得到好命者有哪些

面相，姓名筆畫為若干，壞命者有哪些面相，姓名筆畫為若干，但人們有興趣的是倒過來的問題，即有某種面相，或姓名筆畫若干，其命運如何？而這與附文檢驗的例子一般，二者完全是兩回事，這點是多數人未注意到的。因此那些自認袖裡乾坤大，壺中日月長的算命者，其判斷之正確性，往往是很令人存疑的。

另一方面，對於隨機現象，人們總想以一個單一的值來描述，自然常是不夠精準。以投擲銅板為例，你能回答一擲之下將出現正面或反面嗎？如果連這只有兩個可能的問題都不能回答，對那些變化多端的人生未來，又如何有辦法只依面相或筆劃等，就能精準地以好命或歹命一詞來描述？

不可能的機率其實不低

人們會相信冥冥中有一些奇妙的力量在主導，因為看到很多似乎不合常理的事一再發生。而這往往是出於對機率的大小無法正確掌握之故。

班上有兩人生日相同，他們因此情同手足。其實只要團體中有23人，此機率便超過二分之一；有40人，此機率便達0.891；有64人，此機率高達0.997。許多中學班上都差不多有40個左右的學生，因此常可找到兩人生日相同[1]。

再給一例。假設高雄市某國中的某一班有5人畢業後進入高雄女中就讀。又假設高雄女中一年級有24班，且新生是隨機地分班，則此5人中至少有2人高一同班的機率約為0.359，超過三分之一的機會，並不算低[2]。高二及高三都可能重新分班，即使高一時不同班者，分班後也可能同班。所以若國中時同班，高中又同班，對她們而言，很可能覺得今生真是有緣。你現在知道了，這種事情發生的機率並不低。其實只要仔細想一想，我們一生與不少人有「關係」，小學同校，鄰居大嫂的表弟等，所以大學同班同學中，或在某次出國旅行團中，要找到有人與你有某種關係，其機率並不小。一旦碰到，實

在並不太稀奇。因此不用常覺得老天似乎特地在安排什麼。

2001年12月，有一對徐姓夫婦，在台北市京華城生活購物中心，中了7部休旅車，造成一陣轟動。依據報載，這對夫妻共花了三百多萬元，換1,543張抽獎券。依據報上的有限資料，我們估計出這對夫婦會中7部車之機率約萬分之一左右。機率不算高，因此從新聞的觀點，只要有這類事發生（不一定要7部車，只要5部以上，大約就有新聞價值了），不限京華城、也不限抽獎（彩券亦可），肯定會上報，當然幸運者也不一定非姓徐不可。君不見2002年樂透彩發行不久，39號就連續5期開出。2004年3月，大樂透更有連六摃的情形發生，造成下一期（第62期）頭獎創下台灣彩券史上最高額的獎金。

小機率事件一再地發生，奇妙歸奇妙，但很多事的發生幾乎是必然。假設某公司員工一萬人，年終摸彩，頭獎一名，中頭獎（機率為一萬分之一）比投擲銅板連得13個正面（此機率為 $\frac{1}{2}^{13}$，等於 $\frac{1}{8192}$）還難，但每年一定有人中頭獎。另外，即使一件事發生的機率再低，只要樣本數夠多，發生便不稀奇。20杯奶茶，要說對每杯是先放牛奶還是先放茶之機率約為百萬分之一（$\frac{1}{2}^{20}$），機率算是很低，若有人能皆說對，真會令人相信他具有特異功能。但若對台灣兩千三百萬人測試，平均有23人可做到，更不要說對全世界60億人測試了。也因此美國已發生數起有人中樂透彩頭獎兩次的情況。

2004年6月5日美國前總統雷根去世，《時代》雜誌（*Time*）及《新聞周刊》（*Newsweek*）兩大著名刊物，不約而同選了一模一樣的雷根照片做封面。互為競爭對手的刊物，總不至於約好的吧！在Lewis Carroll所著的《愛麗思夢遊仙境》（*Alice in Wonderland*）裡，皇后說："Sometimes I've believed as many as six impossible things before breakfast." 很多我們以為不可能的事，發生的機率其實並沒有想像的低。世事留意皆文章，「早餐前便可發現六件不可能的事。」

所以對於有人因篤信某一神明，便家中諸事順暢；有人摔破一個杯子後，家人連出幾次車禍；某些算命者能算對一些事情，大抵都可視為純屬巧合，不用太驚奇。

改變個性才能改運

我們一向對記憶是有選擇性的。人們口耳相傳的都是某位奇人異士看相多準；某人改名後，霉運隨之而去；某人辦公室調整桌椅方位後，官運

1234567890 00

亨通。至於那些桌椅方位再怎麼調整，卻未蒙長官青睞者，當然少有人理會；摔破杯子後，什麼都未發生也不會有人去傳誦。其實遺傳決定了你的基因，環境使你基因中的某些特性較易凸顯。不同的人在同樣的環境中生長，有可能個性大異其趣，同一個人在不同環境中，發展的差異也很大。諸如更改名字，使名字較響亮；對室內擺設做些變動，使空氣流通，因而神清氣爽；或得到名師指點，行事風格做些改變，如此自己高興，別人看到你也高興，導致做事變得容易些，這與其歸之於改運的成果，不如歸諸環境與基因造成的影響。因這樣就能改變的運，是很有限的。如果真能大改，也是由於個性使然。要知對相同遭遇，不同的人反應是不同的。

在《千鈞一髮》（Gattaca）那部電影裡，人一生下來便依照基因而決定可做什麼工作。一心想當太空人的伊森‧霍克（Ethan Hawke），卻屬於基因不好者。當基因好的裘‧德洛（Jude Law），因意外事件造成半身不遂，無法再繼續接受太空人的訓練，兩人便來個李代桃僵，以達成共同願望。在品種不好的伊森‧霍克升上太空時，品種好的裘‧德洛心願已了，自焚而死。

所以我們其實不須被生來的命是如何所局限。例如那位賣柴者，可能先開價一百文，主人多給你二十文；也可能先開價一百四十文，不慎遺失二十文。前者覺得時運好，後者覺得時運不好。個性決定挑選什麼路走，但所能得到就是該有的。既然命運無法預知，也難以改變，那麼，快樂地活著，在人生的路上，設法讓自己的能力得到最大的發揮，這才是最重要的。∎

本文作者為國立高雄大學應用數學系教授兼副校長

1. 一團體中之n人生日皆不同的機率為

$$\frac{365}{365} \times \frac{364}{365} \times \cdots\cdots \times \frac{365-n+1}{365}$$

因此n人中至少有二人生日相同的機率為

$$1 - \frac{365}{365} \times \frac{364}{365} \times \cdots\cdots \times \frac{365-n+1}{365}$$

分別以n=23，40，64代入，得到0.507，0.891，0.997。

2. 5人中至少有2人高一同班之機率為

$$1 - \frac{24 \times 23 \times 22 \times 21 \times 20}{24^5} \fallingdotseq 0.359$$

機率的迷思

衛生局至某校免費檢驗某疾病，且宣稱此檢驗之可靠度為90%。可靠度90%是什麼意思呢？假設檢驗只有正負兩種反應，則若真有病，有0.9的機率，此檢驗呈正反應（即仍有0.1的機率呈負反應）；但若沒有病，則有0.9的機率檢驗呈負反應（即仍有0.1的機率呈正反應）。又假設此病之患有率並不高，過去資料顯示，平均每5,000人才有一人患有此病。此檢驗迅速且無害，但若檢驗呈正的反應，則將被強制至醫院做進一步的檢查。問你是否願意接受此檢驗？

90%的可靠度看起來很高，似乎頗值得信賴。但不要忘記，那是知道有病或無病下的機率。你有必要知道的其實是，當檢驗呈正反應時，有病的機率。依假設，此機率算出來約為萬分之十八，遠低於所宣稱的90%可靠度。看到此結果後，大部分的人可能都不願意接受檢驗了。直觀上來看，每5,000人中平均才有1人患病，而檢驗有10%的錯誤，所以每檢驗5,000人，雖絕大部分沒病，卻約有500個人會呈正反應，但其中大約才1人有病。因此檢驗呈正反應者中，約有五百分之一（萬分之十八接近此值）真有病。從0.9到0.0018相差不可以道里計。此例顯示，對那些發生機率很小的疾病，醫院是很容易誤判的。這也可以解釋醫學上為何常有奇蹟出現。稀鬆平常的事，卻屢被視為奇蹟，怪力亂神因此而生就不奇怪了。（黃文璋）

伊底帕斯的醒悟
——希臘命運悲劇

文—張隆溪

Corbis

伊底帕斯的行動完全由自己的意志支配，
但又正是這些行動逐步把他推向命定的結局：
這就是悲劇命運的嘲諷。

　　希臘悲劇常被人稱為「命運悲劇」，表現人無力對抗命定的結局。德國悲觀主義哲學家叔本華（Arthur Schopenhauer）就說，悲劇讓人直面人世的可怕和悲苦，「平息人的意志，使人甘心聽天由命，不僅放棄生命，甚而放棄求生的意志。」這看法不是毫無依據，但把希臘悲劇視為對生命本身的否定，就不僅是以悲劇來附會悲觀主義哲學，而且完全忽略了悲劇的真正意義。

命運，比史芬克斯之謎更難解

　　悲劇固然表現人世的痛苦，但最終給人的印象卻絕不是人如何渺小，或者人世乃無邊苦海，人應該從中尋求解脫。希臘悲劇及其命運觀念，和叔本華及他理解的脫離苦海、四大皆空的佛教思想，是全然不同的思路。悲劇人物固然遭遇不測，悲慘而痛苦，但也正是在痛苦掙扎中，在與命運的搏鬥中，甚至在毀滅中，最能展示人的崇高和尊嚴。所以我們看悲劇，對遭遇不幸的悲劇人物不只是覺得可憐，而且更有一份肅然起敬的尊重和景仰。莎士比亞悲劇《李爾王》結尾時，埃德伽嘆息說：「老一代人已飽經風霜，我們這些年輕一代的人，再不可能有如此見識，也活不到那麼長。」（V.iii.326）這句話大概說出了悲劇結束時，大多數觀眾的感覺。

　　亞里斯多德在《詩學》中說，悲劇以情節最為重要，而在情節演進中，「悲劇使人入迷的最重要的成分，是轉折和醒悟」（50a34）。轉折（Peripeteia）這一概念很能體現希臘人的命運觀念，因為真正的悲劇絕非偶然的不幸遭遇，也絕非命運無端的打擊，卻更多是命運的嘲諷，即本來一片好心善意的舉動，或悲劇人物自己完全無意的行為，突然一個轉折，一切便每下愈況，一步步推向痛苦悲慘的結局。

　　索福克勒斯（Sophocles）的《伊底帕斯王》，最能代表希臘悲劇中的命運觀念。伊底帕斯一出生，就被父母拋棄，因為神諭說他將來會殺父娶母。他被柯林斯王后收養，長大後有人說他是私生子，王后安慰他，說此話毫無根據。他疑慮未消，便去德爾菲求

圖為1826年安格爾（Jean Auguste Dominique Ingres，1780~1867）所畫的《伊底帕斯和史芬克斯》（*Oedipus and the Sphinx*）油畫，現藏於英國倫敦國家畫廊。

神諭，結果阿波羅的神諭果然說他不能回家，否則他將殺父娶母。伊底帕斯以為柯林斯王和王后就是自己的父母，便決計離柯林斯遠去。在旅途中，他與底比斯王及其隨從狹路相逢並起了爭鬥，結果伊底帕斯殺死了底比斯王，但並不知其身分。當時的底比斯城為人面獅身的怪獸史芬克斯所困，凡不能解答史芬克斯之謎者，皆為其所殺。伊底帕斯是個絕頂聰明的人，他正確回答了史芬克斯的謎語，為底比斯人解除了妖魔的困擾，於是被擁戴為王，並由此而得以娶前任國王的寡妻為王后。

這些都是索福克勒斯悲劇的背景，而悲劇開始時，底比斯城正有可怕的瘟疫流行，神諭說必須找出謀殺前任國王的凶手，並將凶手放逐，瘟疫才會停止。伊底帕斯竭盡全力，尋根究柢地追查，最後發現凶手不是別人，正是他自己，而且他原本是底比斯國王和王后的兒子，所以他不僅是殺父的凶手，而且娶了自己的母親為妻，犯下了可怕的亂倫罪。這正是伊底帕斯終其一生極力想逃避的命運，然而他的行動卻一步步把自己推向這一宿命。他聰明一世，解開了史芬克斯之謎，卻無法解開自己定命之謎。

自由意志卻導致宿命結局

如果說轉折是指悲劇人物在盲目不知情的狀況下，由正常狀態走向自己的悲慘結局，那麼醒悟（Anagnorisis）則好像黑暗中一道閃電，突然照亮一切，使人清醒過來，認識到事情真相。在《伊底帕斯王》中，轉折和醒悟幾乎同時，伊底帕斯找出凶手之時，也就是他解開自己命運之謎的一刻，而他所發現的是極為可怕的事實真相，是他終於未能逃脫的宿命。在悲劇結尾，王后自縊而死，伊底帕斯用手挖出自己的眼睛，把自己放逐出底比斯城。結尾時合唱隊唱出悲劇的主題，哀嘆伊底帕斯曾是既有智慧、又有權力而令人羨慕的強者，但卻突然有如此悲慘的遭遇，令人不能不深感命運的神祕可怕。全劇最後一句說：「在一個人生命尚未終結，沒有最終擺脫痛苦和憂傷之前，不要說他是個有福的人。」

注定的宿命在《伊底帕斯王》中並不是完全外在的，卻通過悲劇人物自己的行動一步步實現，成為劇情發展的必然性。其實命運和必然性在希臘文是同一個字Moira，也就是事件發生的因果關係，而索福克勒斯的《伊底帕斯王》就像法庭審理案件，找出一個個證人來詢問，通過嚴密的邏輯推理，逐步得出不可推翻的結論來。所以伊底帕斯的悲劇一方面表現定命的不可避免，另一方面又並沒有否定人的自由。他的行動完全由他自己的意志支配，所以是自由的行動，但又正是這些行動逐步把他推向命定的結局：這就是悲劇命運的嘲諷。

命運的不可逃避和悲劇人物的智慧、意志以及不顧一切尋求真相的努力，這對立的兩方面都

給我們留下深刻印象，使人既覺得命運可怖，又對悲劇人物感到同情而生敬重。所以亞里斯多德說，悲劇引起憐憫和恐懼，並且使這些感情得到淨化（Catharsis）。換言之，希臘悲劇中的命運，就像希臘哲學中的必然性，都不是強加給人的純粹外在的力量，而是人的行為和事物發展的因果鏈條，在這當中，人自己的自由行動就是這鏈條的一個個環節。沒有人的自由行動，神諭的預言和必然的定命都只是一種可能性，只有通過人自己的意志和行為，命運才展示開來，必然性也才成為現實。

所以希臘悲劇中的命運觀念，絕非神祕而不可解，荒唐而不能理喻，卻有很強的邏輯性；而像伊底帕斯這樣的悲劇人物，也絕非逆來順受、聽天由命的庸碌無為之輩。亞里斯多德也說，悲劇主角是比我們一般人更優秀、更高的人物，這一點很重要，我們覺得悲劇有一種崇高感，就和悲劇人物的地位和悲壯的英雄業績有密切關係。

從命定悲劇走向人生荒誕

古典悲劇總是以帝王和英雄人物為主角，所以市民階級興起之後建立起來的近代社會，已不可能產生古典意義的悲劇。十八世紀之後，小說作為市民文學的主要形式，就逐漸取代了史詩和悲劇，成為近代文學占主導地位的體裁。小說中的主要人物不再是君主和英雄，而是和大多數讀者一樣的普通市民，於是史詩和悲劇那種古典英雄的世界逐漸轉變為平民化的現代世界。美國戲劇家亞瑟·米勒（Arthur Miller）的名作《推銷員之死》，便以一個平常人為主角，沒有什麼驚天動地、轟轟烈烈的壯舉，他的死可以引起我們的憐憫，也可以使我們思考人生的荒誕和可悲，但卻不大可能使我們產生崇敬和景仰。所以《推銷員之死》可以說表現了悲劇觀念在現代的轉變，也就成為現代悲劇的一部代表作。

如果說希臘悲劇中的命運觀念在劇情發展中，表現為環環相扣的因果關係，具有不能不如此的必然性，那麼在現代戲劇和文學中，情節的發展往往更注重非理性的偶然，突出的不是事物發展的邏輯性，而是人生的荒誕性。這在歐洲存在主義哲學和所謂荒誕劇中，都表現得很清楚。從索福克勒斯的《伊底帕斯王》到米勒的《推銷員之死》，再到貝克特（Samuel Beckett）的《等待果陀》，西方戲劇可以說從悲劇的嚴肅走向鬧劇的諧謔，從命運的必然走向人生的荒誕。然而在希臘悲劇和命運觀念中，必然本來就是通過偶然來實現，現代戲劇表現世間事物充滿偶然、沒有邏輯、超越理性，但並未能完全否定必然，更不是把握住了命運。恰恰相反，《等待果陀》的主角對人生和人的命運，顯得更沒有把握，他們所失去的不是命運觀念，只是命運的因果邏輯，不是伊底帕斯的痛苦，而是伊底帕斯的崇高和尊嚴。 ■

本文作者為香港城市大學比較文學與翻譯講座教授

問命

個人的命永遠爭不過時代、處境的共業。度化個人小命靠自己，
而社會的大命，似乎只得聽天由命了。

文— 韓良露

　　今年盛夏，陪八十二歲的父親返江蘇南通探親，一起坐纜車登上了中國
五小名山的狼山。狼山地勢不高，稱之為丘還恰當些，但因臨長江，江面遼
闊，氣勢也跟著雄偉起來。

　　父親對著江面，又說起從小我聽過多次的故事。1949年的夏天，父親和
家鄉兄弟買了一艘船準備逃難去，在狼山腳下的江邊，父親苦等著自己的父
母及大伯三天三夜，希望他們下定決心和他一起奔向未知的命運，去一個遙
遠的小島避世。但歷經內戰、抗日多年的大伯卻一直相信改朝換代後還是天
高皇帝遠，他依然可以回老家鄉下安居樂業，祖父想跟兒子走，但又不能不
聽兄長的話，最後父親的大伯決定把命運交給神明，他去向狼山古寺求籤。

　　父親說，大伯飛奔到長江邊，只跟他說：「你先去吧！我們不走了。」
他求到了一個留下來的上上籤。

　　父親從此訣別了家鄉與親人，多年後他才得知，1950年春天，他的大伯
被當成地主惡霸給處決了，他的父親及母親，因有佃農作保是善霸，饒命但
不給口糧，三年大飢荒中一直由鄉人施捨餘食的他們，終於在1953、54年雙
雙餓死。

　　父親只要說起這些往事，都會老淚縱橫。他怎麼也不明白，曾經在海安
鄉下擁有數千畝良田的父母，最後竟然連飯都沒得吃；他記憶中的父母一向
造橋修路、善待佃農，為什麼還會遭逢這樣的命運？

　　而他自己，從小父母寵愛，衣食無缺，而逃難到了台灣依然衣食無缺、
子女孝順。八十二歲的父親常常說自己一生好命，因此更覺得對不起他的父
母。雖然父母去世後只得一坏黃土，1989年父親還是回海安鄉下修墳，今年
我陪父親祭祖墳，衰老的他跪在祖墳前三跪九叩，我回想起童年家中常常山
珍海味、大開宴席，當時的我及父親都想不到自己的大陸親人連一口飯也吃
不到。

我在海安，特別覺得命運的可怕。從小我是不知命的，父親也特別不愛問命，從來不求籤算命的他，唯一跟鬼神有牽扯之事就是祭祖。小時候父親就常對我說狼山的籤害了他父母。小時候並不求籤的我，長大後偶爾在龍山寺及行天宮求過幾次籤，卻異常地準確，使我內心中一直迷惑一個問題：父親的大伯真的求了一支留下是上上的籤嗎？還是太不想走的他，藉此自欺欺人呢？

自己也是決定命運者

　　求取神諭，決定者仍是人。希臘德爾菲一直流傳著這樣的故事，斯巴達國王去求取神諭，問與波斯作戰何果？神諭說有一國滅亡，斯巴達國王想的是波斯，卻不知滅亡的是自己。

　　問命者，常不知自己也是決定命運者。我從小被父親教導要不迷信、不燒香、不拜佛、不問命，但十七歲那年，偶遇一年長高人，硬說我有慧根，非要不收費為我解命，而說出諸事令我大吃一驚，區區陌生之人，如何知我生命內情？這一觸機，使我慢慢走上研究各種怪力亂神之道，易經、八卦、紫微、八字、占星、塔羅等等，所有的神祕法則，都在教導我明瞭生命地圖的方向。

　　但越了解生命地圖的我，卻逐漸明白，一己的命運，有如在自己生命內海航行的舟船，命運的軌跡有其航海圖，即使大風大浪、大起大落，都有邏輯可解。安命者，必先安住其心，生命的驚濤駭浪自然不易發生，但任性者，則有如舟船無人駕駛，隨時顛覆。

　　問命多年的我，逐漸相信一些古老的生命法則，平順即好命，對得起良心，命自然穩當。

　　然而，個人的命運有其法度，但社會、國家、世界的集體命運卻是無法估量的共業，受制於莫名的天災人禍。誰能說明，十幾億人口的中國，為何因幾個人的決策，就發生三年大饑荒、死數千萬人？又為何一小撮人，會引發令幾億人不得好活的文化大革命？

　　為何過去數十年來，北歐人、瑞士人、紐西蘭人，即使個人會死於自殺、疾病、意外等等，但卻不會死於社會鬥爭、政治迫害？為何美國人、日本人不會像非洲人、中國人那樣死於饑荒？為什麼偏偏是波士尼亞遇上種族大屠殺，而伊拉克人又要被哈珊專制所迫，又要挨布希飛彈、子彈？

　　這些集體的好命或壞命，真不是個人算命者可解。如今，我只知道，有的個人的命，在某些社會處境下還差強人意，但遇到了不對的地方，就不知如何過了。

　　在台灣的我們，再壞的命，只要不是自己惹禍上身，都有餘地，但同樣的命格，如果是活在當年的紅色高棉呢？那樣的社會，誰能好命？恐怕連在那裡倒行逆施的大惡人，都只能說是壞命。但是，如果有一天台灣打仗呢？什麼樣的命才能在戰爭中好命呢？

　　個人的命永遠爭不過時代、處境的共業。度化個人小命靠自己，社會大命哪由得了人，想想真是悲哀。

　　問命，最後成了是否要同舟共渡或共沉的問題了。個人小命，修行可修命，人間共命，似乎只得聽天由命了。　　　　　　　　　　　　　　　　　　　　　　　　　　　　　■

本文作者為作家

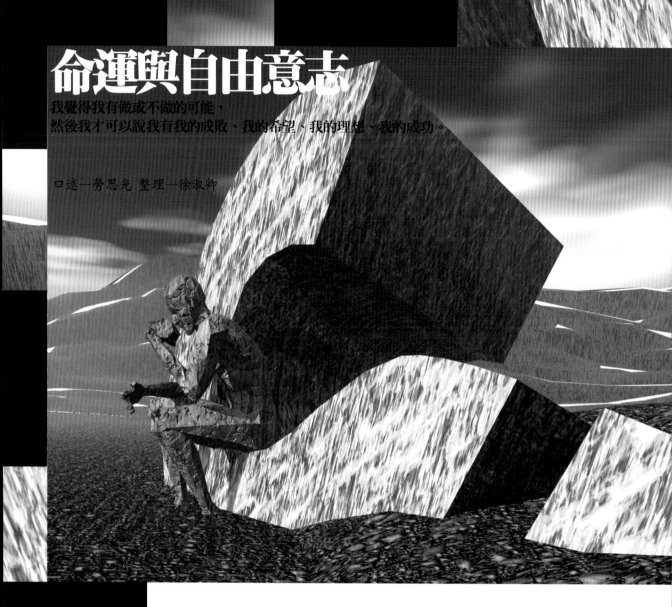

命運與自由意志

**我覺得我有做或不做的可能，
然後我才可以說我有我的成敗、我的希望、我的理想、我的成功。**

口述—勞思光　整理—徐淑卿

在人生經驗的領域裡，不管哪一個人，不管什麼時候，世界的呈現都
好像是兩個部分。一個部分是決定性的領域，大環境中許多東西都是屬於
已經決定的；但因為我們是自覺地在生活，作為自覺生活的人來說，我們
同時又很明顯知道，很多事情是看我們現在怎麼做。譬如說，我現在要站
起來走，還是坐著不動，我們分明知道，這是未決定的，端看我怎麼做。
所以從最根本的意義來說，我們實際的經驗世界，永遠呈現為一部分已決
定，一部分未決定。我們倘若從科學的立場來說，也是希望對未決定的東

西有些預測，預測的根據則是整理以往的知識，像經驗科學那樣。我們依據經驗提出一種假説、一種解釋，希望通過這些，我們能夠預測未發生的事情。

術數並不符合知識條件

不過在人類很長的歷史中，科學知識只是人的一種活動方式。從遠古時代開始，人就有預測未來的願望和欲望，但是它憑藉來預測的能力其實是很有限的。於是，許多原始社會裡的想法、想像，包括神話的、原始宗教的觀念都混在一起，所以我們看見不屬於科學知識範圍的預測，這套東西就是後來所説的「術數」。

術數這套東西基本上不符合知識的條件。台灣現在也跟海外華人社會　樣，有許多人喜歡很誇張地去談術數傳統這套東西，勉強地把它當作知識來講，所以這樣就產生很多可笑的現象。就《易經》本身來講，它是古人組織的一個符號系統。每個符號代表一個意義，如果拿這個來敘述宇宙，那這個敘述當然也是有限的，因為當時所選擇的那些意義是有限的，然後你又拿它來跟宇宙論來配。但問題是那些符號和我們經驗中的宇宙現象沒有一定的關係，只有我們這個符號系統內的關係。譬如説，我把這個東西叫做A，那個東西叫做B，這個關係是我所決定的，並不是説，這個符號裡有個什麼關係，便可以確定當前這個宇宙中有這個現象。符號結構與世界結構中間的相應性是無法證明的。但是較早期的人，他搞個符號結構出來，就認為這個符號結構就代表宇宙的結構了，可是別人也可以搞個不同的符號結構，來代表宇宙的結構。

事實上每個符號結構和世界結構都不是同一回事。除非説，這個符號解釋是從世界經驗中抽過來，這樣就成為經驗科學的知識，而不是術數這些東西。因為我們明知道，符號系統是我們自己所組織的。我們平常可以組織很多不同的符號系統，甚至邏輯系統，來比較效力的大小、解釋的大小。現在在術數傳統是倒過來的，它先認為這是有效力，但是又不能證明這個效力的根據在哪裡。認真説，我們把術數當成神祕經驗，可能是很好玩的、有趣的活動。但是如果把它當成知識，當成什麼了不起的道理，那根本就誤會了人的知識。就知識論、意義論而言，術數並不符合知識條件。

術數傳統屬於一種神祕經驗。比如説，我們做一套符號系統來解釋宇宙，事實上這套符號系統，不是從經驗世界裡出來的，不是屬於經驗科學的知識，它是我們解釋經驗的一種方式，這種解釋有沒有效，事實上並沒有一個確定方式來證明。所以，基本上説，術數範圍不是知識範圍，我們也不能希望它成為科學的術數，這是不會有的。但另一面講，如果我們不講預測的問題，而只是講我們自己一方面作為有自覺的人，一方面又知道世界大部分是已經被決定的，在這樣一種情況之下，我們對於命運取什麼態度呢？這個問題就涉及你對自由意志有什麼看法。

周文化主張人的主宰性

不同文化傳統對命運所持的態度，在細微的地方有些不同，但是最根本處，問題其實也很簡單。我們永遠知道這個世界有一部分是已決定的，另外我們也知道有一部分是未決定的，於是對於未決定的部分，我們自己的意志能夠發揮多大效力的看法，就是各種文化傳統不同之處。

就中國古代大傳統來說，有古北方系統、古南方系統，也就是周人文化系統，與殷文化、淮徐民族等構成的東夷集團系統。到了後來，在沿海地區如燕齊，又形成另一個傳統，也就是所謂方士傳統。南方的海邊又有吳越，承繼舊的巫術傳統。可是這些傳統都不是直接提出一套理論來說命運。不過我們看它對人生的主張，可以推出它是怎樣看命運。就周人來講，至少我們看到武王克殷，在中原建立霸權之後，強調人是有一種發揮主宰的力量。這個力量表現在一種普遍標準的肯定上。人如果可以滿足那種標準，就可以支配外界。就較早資料來說，這就是他們所謂「德」的問題。周人認為有一種共同原則，這個原則不管人、神都要服從的。在古代來說，本來天命是不可知，很多民族信仰一種絕對超自然的主宰，好像那個意志支配一切。但這從周人開始改變。周人也有天命觀念，不過周人說的天命是：「天命不于常，惟歸有德。」所謂天命是要符合一個標準，你符合那個標準，天命就歸你，你不符合那個標準，天命就不歸你。問題在於人是否能夠見到那個標準。這就大大提高人的主宰性。接下來牽涉到，你是怎樣解釋這個「德」，這個標準是什麼標準，你怎麼會知道這些問題。孔孟認為這個「標準」是在人的自覺心內部，所以發展出儒家的心性論。

南方傳統強調無為

南方傳統對於人的主宰性，是很消極的，不覺得人可以有主宰外界的能力，但認為人有最後自由。最後自由是在於：「你明不明白，這個世界是被自身的規律決定的。」換句話說，那個決定性領域無限地擴大，一切東西都是被決定的。問題只是你知不知道。你不知道，所以人就去亂做，亂去參與、干預；人參與、干預的結果，都會是一種自我破壞，不會有正面的結果，這是南方道家原始的觀念。道家後來因為變化多了，在中國戰國那段時間，很多學派互相影響，所以出現很多龐雜的情況。這些東西到今天為止，為後來的知識分子留下很多糾纏不清的問題，事實上我們現在談的是那個原始的精神。就原始最根本的態度講，道家有所謂無為、自然、逍遙這些問題。老莊的基本意思是：真正人可以作主的地方，就是人可以明白，自己不需要參與這個世界，不參與的那個自我的自由，就是莊子所謂的逍遙。自我有這樣一種智慧，能觀照萬物，但是自己不去參與。到了後來，道家後學在戰國後期混雜了很多東西，像是黃老之術、陰謀家的想法。至今還有一些人倒過來，把後來解說老子的種種說法當作老子本來的意思，這樣問題就越搞越亂了。

所以對於命運這個問題，也就是我們對於決定性這個觀念，以及對於自由意志這個觀念取什

麼態度的問題。古代中國南北文化恰恰代表兩個相反的態度,是強調自由意志、強調人自覺的主宰性,還是強調決定性?就道家而言,是強調決定性;不過道家強調決定性也不覺得有什麼可悲,他覺得可悲處,不是世界已經被決定了,而在乎你不知道它已經被決定了,而勉強去做,那樣才可悲。不管老子或是莊子,他們理論的程度雖可能有些不同,但方向是一定的,他們都是這樣的看法。

有自我才有人的責任

對於決定性和自由意志的態度,以近代歐洲哲學來說,最有代表性的當然是德國觀念論。從康德下來一直到胡塞爾,差不多一百多年時間,德國觀念論就是強調主宰性。既然強調主宰性就要強調世界和意識活動能力不可分的關係。如此一來,自由意志是根本的認定。在亞洲來說,印度佛教的「唯識論」也是這樣,它把存在、存有的世界,都劃歸在意識活動,因此最根本處它所肯定的,就是那個能夠覺悟、能夠不覺悟的自由意志。這些理論都是強調自由意志,但是強調自由意志的時候,也並不是否認外界有決定性,只是外界所謂決定性,還是依靠意識活動而呈現的。

我們在當前都自覺到,我有做或不做的可能。我覺得我有做或不做的可能,然後我才可以說我有我的成敗、我的希望、我的理想、我的成功。這個道理本來也很明顯。我假定有個能夠決定行為的自我,然後就有我的行為,然後才有我的責任、我的成敗。康德當然是強調這個觀念的代表,他在《第二批判》就強調自由意志的問題。事實上,這個問題並不是特別屬於某一兩個人的學說,你只要分析責任觀念、成敗觀念,你馬上就會發現,這裡必須假定有個自我,這是很根本的意義關係。就我們日常語言說,我很失望或是我的什麼東西,這類的話都是你在假定有個可以作主的自我。不然的話,一切事象不過只是發生在你身上,就像椅子染了濕氣就會長霉。如果是這樣,就不能說這是椅子的成功或失敗。

作為康德後輩的叔本華對命運的態度,雖然是被視為比較消極的,但他受佛教影響,還是認為人可以有覺悟。這個覺悟在於,知道生命本身就是這樣,不在這裡尋求什麼。這就像熊十力和支那內學院辯論,對方很固執地講「唯識宗」的無我觀念,熊十力反駁說,如果是根本沒有任何意義的自我,最後是「誰證菩提,誰見真如」?「覺」是什麼東西在覺?如果你說這是個覺悟,那是什麼東西在覺悟,你還是假定有個自我在覺悟。

否定理性即否定人的主宰性

至於西方哲學史上對命運採取消極看法的代表人物,則是影響中古早期教會哲學的奧古斯丁。他的觀念是以神的意志為唯一的假定,而不是以人的自由意志作為最根本的假定。這種神學傳統,認為一切都是已決定的,這就是所謂「前定說」(Doctrine of Predestination),對神來講,一

切都是已定的。這個講法在理論上也引發一個困難。基督教基本教義是說，神是全知的，神是無所不知的。倘若有未決定的事情，像是你能不能得救，你是不是會覺悟，對神而言，如果是未定的，就是神不知道。如果對神心講是未定的，就跟神的全知是衝突的，所以假定對神而言是沒有未知的部分，神是全知的，那麼一切都是已定的。這樣一來，很多人就在這裡延伸出許多辯論，其中最明顯的是說，如果這樣的話，人信不信基督教，好像也不用努力了，信不信都是決定的，如果我不信你也不必勸我信，如果我不能得救就是不能得救，不是你勸我怎樣，就可以得救。如此一來，宗教生活的意義就完全無從說起了。

存在主義以情意的自我為主，以生命的感受為中心，所以存在主義不論沙特或較早的齊克果等人，基本重點都是落在真正的自我是在哪裡。齊克果講「意志的選擇」，他認為真正意志的選擇不是知識，而是信仰的問題。存在主義有不同方向，像沙特等人，對於文化的悲觀情調就比較重，他們其實並非歐洲思想的主脈所在，而是對啓蒙運動下來的現代西方文明的反動，齊克果在十九世紀反對啓蒙運動下來的大傳統，從哲學內部來講，他也是反對黑格爾所代表的有決定性的理性主義。也許可以這麼說，凡是不強調理性能力的，大體上在命運問題上，都是比較強調人生的被動性。這牽涉到理性觀念在近代西方哲學思想史中地位的變化。

啓蒙運動之後，歐洲現代文化興起，就理性這個觀念有幾層表現，在哲學史內部表現，和一般文化生活的意義上，又有很多不同的角度。但我們可以這樣說，對於理性的不信任，也就是對於現代文化的懷疑的這種思想，在十九世紀起碼有三個代表人物，就是齊克果、馬克思、尼采。這三個人都是懷疑理性功能，也因此懷疑客觀知識。馬克思的思想來源不同，他是從黑格爾的後學變出來。齊克果原先也是黑格爾學派的學生，但是他後來轉向宗教的觀點，就他看來，真正的自我只在建立信仰的時候顯現出來，於是他不覺得這個自我能改變外在的世界，只是說自我的自由存在於那個地方。尼采是藝術氣質的人，他的理論沒有什麼論證，只是把感受說出來，但是它的取向是很明顯的。尼采是不信任理性的。對不信任理性的人來說，不管自覺或不覺，實際上對人來講，都是顯現人的被動性。當然，他們總有一個主張說是要如何突破這個東西，但基本上把人生已有的文化生活，都看成在被動的狀態中，被已有的東西所支配。

後現代也遇到這個問題。後現代不成為一種系統理論，但是構成一種情境。這個情境的特色之一，也是對於理性的不信任。大體上講，凡強調人的主宰性，最後一定歸於人能作主的能力，那個能力你可以說成自由意志，但是你說自由意志，它是在什麼意義上是自由呢，這就會和理性觀念連在一起。如果我們要判別哪一種理論對人的被動性、主動性是什麼態度，首先要看對於理性是什麼看法。如果他認為人的理性不可信，那麼人要從什麼地方建立人的主宰，就根本成了一個很大的問題。因為很顯然的，人的感受是被動的。否定理性即否定了人的主宰性。　■

本文作者為中央研究院院士

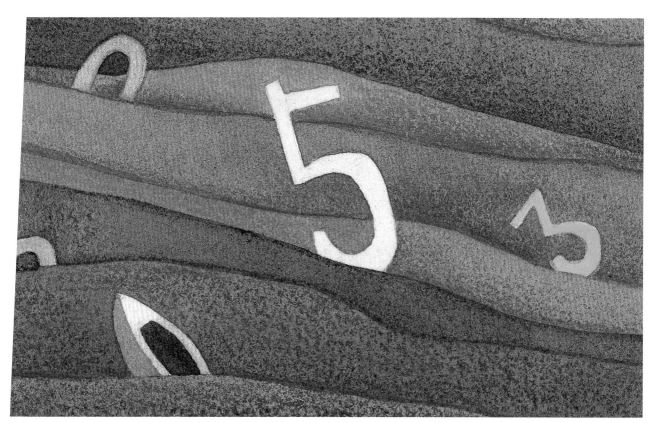

Part 4
一些估算方法

當算命成爲一種生活方式

文——盧郁佳　攝影——黃子明

就像經常會缺鈣一樣，我們只是需要別種看待事實的角度。

當我們初識握手時，掌紋因此重疊。我的人生脈絡擦過你的，互相給對方添了幾條皺紋。

算命是一再凝視自己的過程。因為自我總是恍惚模糊、一閃而逝，所以我們總是必須一再凝視那不可靠的反映。人的宿命是無法直接看見自己，必須透過客體的轉播：鏡子，照片，巫師從水晶球裡看見了關於你的什麼，你的夢境象徵什麼；畢業留言紀念冊裡同學怎麼描述你，配偶雙親如何評斷你。

命運是自我的倒影

據說大約小學國中階段，我們開始發展自我形象，亟想從別人眼裡知道自己是誰，是否受歡迎。絕非巧合，與此同時，我們熱中玩錢仙、筆仙、守護神等占卜，叩問未來會上哪個學校，另一半帥不帥、是否有錢。命運就是自我的倒影，每天，你我都置身於那個不確定的RPG（角色扮演）遊戲，急於收拾結論。年長之後，再度結伴去算命，卻是想確認自己的生涯尚未塵埃落定，還有機會出國留學，下個工作人緣不錯，會有三次婚姻。相同之處在於，在人群裡認出了自己的座位號碼，儘管還沒能擠過去，就已經莫名地安心了。

最近我完成了夢想：用星座來當MSN的分類群組。看著日昇月恆，時間一到，某個星座全體上線，某個星座全體被封鎖，某個星座全體封鎖我，那可是比目睹亞特蘭提斯大陸冒出海面更甚的奇幻體驗啊。如果可以的話，我想發明一種月相算命，根據潮汐時刻表和MSN暱稱隨心情變換的神祕對照，為這群聯絡人編寫基礎體溫表。

孿生手足能從對方身上照鏡子一樣看見自己，而我們這些沒那麼幸運的人，星座讓我們擁有血緣較遠的多胞胎，而且在職場、酒聚時不時猝然

相認。同姓三分親這件事，已經完全被星座出櫃給取代了。我們不同星座，無所謂，還有月亮星座上昇星座九大行星，我們一定會在某處重疊，手牽手親愛地落入同個星座，切（生日）蛋糕一樣分享同口味的脾性。我們不同星座，無所謂，當你描述你時，總是在描述某些我熟識的、你那個星座的人，我於是就把你當作了我太太的孿生化身，為著核對不符之處，不覺沙著嗓子辯駁了起來。

命理偽裝新聞

命理新聞是廣告與Showbiz嫁接合體的完美病毒。登出Hotmail信箱後，自動轉為MSN新聞首頁。你無法忽略這件事的社交性質，這些新聞標題就像是最後一封電郵，就像是狂砍轉寄垃圾消息後，仍然逃不過某個八卦精朋友寄來的聳動內幕報導。新聞首頁的頭條，永遠是影劇新聞，且經常是偽裝成影劇新聞的命理新聞稿。

過去數年，新聞的製造技術突飛猛進，不斷增訂新的通關放行規則。只要標題後面加問號，什麼都可以寫。如：「某少男偶像喜歡大奶妹？」（這兩年不加問號也無妨，反正，當然內文會告訴你一切都是誤會囉）。只要是劇情，什麼都可以寫。如：「某女星慘遭某男星霸王硬上弓」（當然只是連續劇或MV的情節）。只要有雙關語，什麼都可以寫。如：「某男星上飯店最愛炒飯」（當然是火腿蔥花蛋炒飯）。

而最新規則是——只要算命師想得到，什麼都可以寫。像是預言某少女偶像晚景淒涼（她才十二歲）。先前鬧劈腿的明星情侶「果然」鬧翻（細看內文，「兩人因財務糾紛翻臉」只是算命師根據姓名筆劃，鐵口直斷）。

這在報章可能只是偶一為之，突發事件找不到相關人士可訪，乾脆讓算命師來插個嘴助興。星座看緋聞當事人個性，面相預測新科立委仕途。訪問不到蔣友柏、陳幸妤？無所謂，算命師可以把他們全家老小一輩子的個性、發展全都猜完，根本不留半句給當事人去說。而網路新聞不需要時效、新聞點，文章只是十二星座本週注意事項，但隨便找個名人來舉例，標題總覽頁立刻多了一樁超級全球獨家新聞：「湯姆克魯斯破鏡重圓機會大」，喔，實在是太點題了！它能突破新聞倫理的疆界，主要因為本身處於所有入口網站標題那種典型的灰色地帶，偽裝成新聞，而點進去就為台灣付費算命網站帶來了每年數億的豐厚營收。

算命取代親密關係

自從影射時人的八卦節目下台，時事評論節目少了內幕爆料，也跟著元氣大傷，電視界眼看失去了金雞母；如今幾張固定椅子、一排固定來賓便可大撈特撈的，就剩下命理節目了。觀眾彷彿回到多年前《連環泡》之類節目的心理測驗單元，僅是由書面紙用麥克筆寫POP，升級為電腦打字輸出，運作原理還是一樣。明星來賓既然願意配合上節目，當然也不好拆台；就算「老師」說得太過分、導致明星翻臉，

也會被觀眾以為是說中了痛腳惱羞成怒。記者即使要訪問醫生律師，發通告只要照黃頁電話簿找人便可以了；何況是不用執照、無須立案的命理業。算命師面對不認識的名人，公開斷命的豪邁，宛如股市分析師，唯一的差異在於結果無從驗證，哪裡有更穩賺不賠的生意？

這兩年新聞徹底解放的大話風潮，有如無法無天的拓荒時期，允諾你放馬跑到原野日落盡頭，經過的地方全部屬於你，那樣自由、美好、等待輕易征服的處女之地。一切空白，等你說了算，一句話便免費圍起自己的

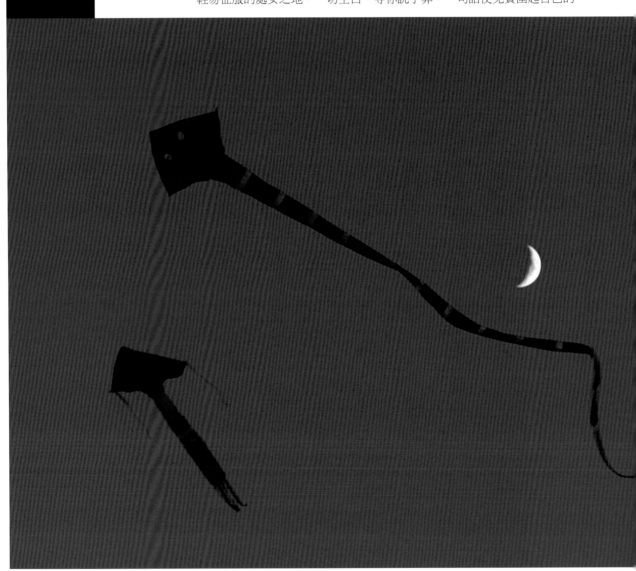

領地。

這番美好，不啻鼓勵算命師大膽以創造者自居，把一線名人全都當成自己筆下的小說角色，任意編派他們的命運，恣意深入他們的內心。這讓我們觀眾覺得貼心又幸福，偷窺欲從來沒有這麼徹底滿足過，即使是虛構的偷窺。算命師談這些名人，就像三姑六婆在電梯裡談同事親友熟人，詮釋是那麼生動而富於侵略性。這使凡夫俗子的社交圈彷彿無窮擴張，即使私事從不多公開的低調名人，在算命師慷慨的反覆申論下，也像熟到不行，與我們有了基於星座投射的相認，親暱到可以指控抱怨他跟同星座的我弟弟一樣，老毛病總是不改……。

隨便問一個感情不順利的網蟲，對方都足以給你來一通網路算命概論。從最簡單的機率程式、轉寄的「電網關帝廟」抽籤、塔羅牌摸牌，到姓名學、數字吉凶、八字、卜卦、手相、紫微等，生意之熱絡，異常可悲。很顯然就是在某個心亂如麻的夜裡，已經晚到不宜再打電話騷擾最後一個願意聽你講心碎情傷的朋友；醒在大西洋彼端陽光下的，也不打算把這一天拿來為他不耐煩的感情建議打字。還能怎麼著？上網算命去。

於是你會意識到人際距離已經不同，可能遠了，再古道熱腸的朋友，都怕傷心人將來追究起言責，要他為拆散姻緣負責；更怕當事人不慎把祕密說漏嘴，不自檢討，又歸咎是好友洩了底。距離也可能更親密凶險，你傾訴感情困擾的對象，很可能就是你所不知的情敵。與其如此，兩造都有默契，不是外人插手的時機，不如把一切交給專業吧。

將命運交給陌生人

在台灣，專業只代表消費陷阱。看醫生要先打聽熟人行家，想算命也得靠朋友輾轉介紹，收集消費資訊，相偕前往。價碼昂貴是保證專業的基本條件，你願出錢還未必掛得上號，顯得神祕矜貴，大隱於市，個個都有國師封號。像是昆德拉的《笑忘書》，書中「作者」自述被整下放時，朋友好心讓他匿名撰稿，在報章捏造星座運勢預測為生。而把他往死裡整的大人物，居然也透過管道，向這位「星座算命師」要一份批命書。

於是有了算命街激戰區，算命明星像他們盤據的地區一樣時有流行漲落。用龜甲卜算的龜婆婆，老街神壇的廟祝，感覺都像是黑街的墮胎診所，或釘掛手寫「菜花」招牌的泌尿科，同樣解決光天化日拒絕受理的那些隱密要務。人們來到這裡，想在別人嘴裡邂逅一個完全陌生的自己，無論是更好或更壞。這些算命解惑的經驗，在我這種不敢看人家評論我書的膽小鬼聽起來，總是背後發寒，驚嘆他們這樣的冒險根本不知自己有多魯莽。去聽別人論斷你，而且明知這番論斷必定在關鍵時刻發酵起作用，所需要的智慧勇氣，遠比面對命運本身時所需要的大得多。這是個謎。

答案很簡單，也許就因為我們是社交動物，時刻為他人所主宰而覺得不安，也只有從

陌生人嘴裡去追索我們的身世與將來。伊藤潤二漫畫《至死不渝的愛》，描述小鎮流行一種占卜，照例在濃霧清晨，少女遮著面孔，等在街角，問第一個途經轉角的路人。如果對方心情不錯，給她祝福，那麼一切都會變好。但是，煩惱召喚煩惱，痛苦到寧可把命運交給陌生人的女郎，終於在不懷好意的預言下割腕自殺。這個故事道出了心靈脆弱的危險。當卜者一開口，一個世界觀便在求卜者面前攤開，但那是別人的世界觀。

　　麥克·李（Mike Leigh）的電影《紅粉貴族》（*Career Girls*）裡，兩個女主角讀大學時，常在宿舍輪流翻《咆哮山莊》，翻到哪頁便念一段當作占卜。原來，我們總是從正在讀的、無關的書裡，照見身處的煩惱，瞥見切中的啟示，原來那也不外是一種占卜，在生活裡隨波逐流、迎合自己。教徒隨手翻《聖經》、丟銅板猜正反面作決定、數花瓣，相信隨機，需要謠言的安慰。就像經常會缺鈣一樣，我們只是需要別種看待事實的角度，塔羅牌、紫微命盤、西藏紙牌、咖啡渣，都不過是個人模擬自己身世、嘗試把過去未來每件事給重新發生一遍的，故事製造器。　■

本文作者為作家

一種命盤三種人

文——慧心齋主

世上有無數個同時出生的人，卻只有一位比爾‧蓋茲。這提醒我們，命運必然充滿自己可以調整的空間。

一個人想算命，不外乎想解讀下列幾種現象：

一、從出生到死亡的人生歷程。

二、一個人的大概發展方向。包括田宅、財富、健康、遷移、交友、事業等等。

三、某一個時間階段的狀況， 例如某月某日的幾點到幾點之間的遭遇等。

調整創造命運空間

其實，不論要解讀哪一部分，或是對未來進行預測，真相都只有自己最清楚，也只有自己能夠判斷。因此，以了解命運的角度來看，最能依賴的、最可靠的是自己。但有時我們明知如此，卻仍喜歡找別人算命，尤其是當別人很準確地說出自己的過去以及個性時，我們會驚呼讚嘆，彷彿別人不說出來，自己就不能確定曾經發生過什麼事，或自己是什麼樣的人。

最有趣的是，當別人說出過去、個性之後，我們會繼續要別人說出未來，而忽略了未來是我們自己要去生活、面對的，未來，也全靠自己的「安排決定」。換句話說，未來充滿無限創造、調整的空間。

所謂調整自己，就可以進行對命運的創造與調整，是因為以下幾個原因：

一、我們的想法帶動行為。因此，可以因為知道吃太多垃圾食物對身體不好，而改變這個習慣。這是現在的行為帶動未來命運的例子。決定者是我們自己。

二、我們的想法帶動我們對命運好壞的認同。例如有些人覺得當人家的第二任妻子是不好命，但是，也有人認為當第幾任妻子無關好命與否，夫妻感情好不好才是重點。因此，改變看法也會改變命運。

三、 我們對已發生的事情的態度，帶動我們對未來許多事情的決定。即使是同年同月同日出生的人，也會有所差別。例如，曾經有過許多成功經驗的人，不容易先想到失敗該怎麼辦，而是想著該如何克服困難，這也會增加繼續成功的機會。但另外一些人曾經被某人放過鴿子，則會有一朝被蛇咬，十年怕井繩的情況。

一個命盤三種命運的原因

世界上有無數個同年同月同日同時出生的人，卻只有一位比爾·蓋茲，一位柯林頓總統。其他的人呢？會是什麼樣的命運狀況？一個出生資料能決定我們一生嗎？剛才的例子告訴我們：當然不能！這也就提醒我們，命運必然充滿了自己可以調整的空間，只要你肯，只要你相信，就可以成為最好的自己。

以比爾·蓋茲與柯林頓總統的例子來看，我們暫時假設他們兩位的命運各屬該出生資料的最佳表現。但是相同時間出生的其他人則沒有這樣好的表現。因此，同一種命盤，可能有三種不同的現象：

頂級：發揮得淋漓盡致，達到命運的最高峰。

中級：一般狀況。

下級：最低限，不但無法出類拔萃，有時還有些負面表現。

為什麼會有這種情況？根本原因就是，同樣的特質，但是不同的人做了不同的發揮。以比爾·蓋茲為例，他是他那種命盤的頂級代表，因為他把幾個特質做了以下的發揮：

一、聰明、好學。

二、積極努力。

三、所處的環境不一定平順，但期許自己能向遠處看、大處看。

四、對現代科技（包括電子科技）有天分或興趣，也願意實現。

五、願意也能夠做大事。

六、不介意是否讀完什麼學校，或說不會因為挫折而改變志向。

七、有關懷社會大眾的意願與實際行動。

以上幾個特質所組合的最高表現，造就出比爾·蓋茲。

和頂級的比爾·蓋茲相對應的另一個極端，也就是同樣命盤的第三種人，他和比爾·蓋茲的命盤相同，但是卻可能鬱鬱不得志，是下級的代

表。這可能是因為他雖然有與比爾‧蓋茲相同的特質，但是卻做了以下不同的發揮：

一、雖然聰明好學，但是將聰明用在如何為自己的失敗找藉口，好學的方向則是學習得太多太廣，沒有集中於某一種專業。

二、積極努力，但方向在於如何積極努力偷玩、偷閒。

三、所處的環境不一定平順，他也往遠處看，但主要是盯著鄰居或同事的表現而眼紅。

四、對現代科技（包括電子科技）有天分或興趣，也願意實現。所以經營電動玩具，成為網路玩家，也因此有些收入，只是也因此有些青少年常去滋事，經常破財消災。

五、願意做大事，所以不屑處理細節，結果經常眼高手低。

六、不介意是否讀完什麼學校，但是國中都差點畢不了業。

七、有關懷社會大眾的意願，但主要是有了火災就趕去圍觀。

至於介於這兩者中間，和比爾‧蓋茲命盤相同，命運卻只出現「一般狀況」的人，也就是中級代表，有可能是某位台灣的電子新貴或其他人。這樣的人，也是具有和比爾‧蓋茲相同的特質，不過他的發揮正好是介於上述頂級和下級代表之間。

改變生命狀態的方法

以上三種命運狀態提醒我們，如何成為自己生命中的比爾‧蓋茲，以及要不要成為自己命中的比爾‧蓋茲，都是可以自己努力的。如何努力呢？有下列幾個方法可參考。

一、讓自己可以隨時放下，保持在起心動念的源頭，知道自己的念頭是善是惡，並力求一切想法、念頭都是善的。善的定義是：不是負面的、絕望的、不是為自己貪求的、不傷害自己與任何人（負面絕望的批評都是在傷害自己）。

二、讓自己的真實想法得以呈現，但不是以傷害別人或自己的方式呈現。實現自己內心深處最真實的善的願望或理想，從小處做起。

三、選擇學校的科系，來幫助我們學習某些知識或技術，但這不表示選擇的科系就是我們未來的事業主軸，因為在學科系有時只是某個時期的階段性運氣所呈現的。所以也不會限制自己一定要學以致用，而會認真面對自己的興趣與潛能，使之實現。

四、不做違法的、社會大眾所不容許的、善良風俗所不接受的，以及違背良心道德的事。

五、以第四點為基礎，拆解所有逆境的原因，繼續努力。

六、以第四、五點為基礎，讓自己每天有機會完全沉靜下來，了解自己的想法，觀察自己的負面情緒，將它轉為正面的念頭，並且相信有許多機會，成為最佳以及最滿意而有自信的自己。 ▦

本文作者為命理專家

開發你的直覺力

訊息的確可以透過直覺力來傳遞，冥冥中，我們都是休戚相連的。

文—藍寧仕　翻譯—劉燈

數千年來，人們始終相信，我們的生活受到無形神靈或能量之影響，甚至連命運都由其決定。古代人順應他們的生存環境而活，認為事出必有因，沒有一件事情是偶然發生的。像是天氣和風向的改變、形狀奇怪的雲、珍奇動物的出現、火燄的形狀、鳥兒歌聲的變化、用火燒烤骨殼時產生的紋路、祭牲動物臟器的形狀、不尋常的夢、意外事件、病兆、乃至於其他各種不可解釋的變化等等，都是由看不見的力量所造成，並隱含著某種意義。偶然事件就是來自諸神的訊息，那告訴了我們未來將發生的事，同時告訴了我們如何趨吉避凶。

此類對環境的觀察，最後形成了像占星、生命數字、塔羅、酒占、咖啡占、茶葉占、解夢等等的占卜術。由於這些占卜術的準確，讓君王相當重視，甚至用以指導諸如是否出戰之類的決策。

拯救希臘的德爾菲預言

古希臘時代，位於德爾菲（Delphi）的阿波羅神廟，是地中海世界最著名且最重要的命相中心。德爾菲的占卜，是讓一名祭司坐在冒著煙、令人恍神的草葉上，進入起乩的狀態。其他在一旁的祭司便開始向她發問，主祭司則搖晃著頭，隨口吐出各種字彙詞語。祭司們就利用這些詞句來作偈或打謎語，而前來求助的人則必須解出其中的意義。

由於神廟太有名，人們得排隊等上六個月，才有機會問到問題。但是國王可沒耐心等那麼久，尤其快到打仗的時候，所以他們乾脆在神廟旁蓋座金庫，這樣有問題要問的時候，就可以直接把金子送到隔壁的神廟，也就不需要排隊等候啦！希臘史上，關於德爾菲的預言如何促成戰勝的故事不計其數，其中一則還講到，在公元前482年的時候，希臘因為德爾菲的預言，而得以免於被波斯人消滅。

那時波斯入侵希臘，占領了北方諸城邦，即將進逼希臘的瑰寶雅典城。雅典的主將向德爾菲徵詢該如何是好，德爾菲的答案是：「明眼的宙斯，將讓雅典的木牆屹立不搖，造福汝等兒孫輩…… 神聖的薩拉米斯，汝等將於稻穀播種收割時，擊倒婦人之子。」

雅典的官員們為了搞清楚這句話的意義傷透了腦筋，因為雅典根本沒有什麼木頭城牆，薩拉米斯（Salamis）也只是雅典城外的一座小島。幾經思索，雅典人認為，木頭指的應該是船艦，而薩拉米斯則應該是未來海戰的發生地。雅典人於是將所有的資源投注在造船上，準備就此一戰。

　　結果預言成真，希臘人的投資得到回報，他們打敗了波斯人，這場勝利讓希臘得以逼退波斯，並將之趕出希臘。這個事件後來也促成亞歷山大大帝團結希臘人力量，進而攻打波斯，最後成功建造了希臘帝國，成為有史以來成立速度最快的帝國。人們相信，這樣的成就應驗了一句希臘俗語：「能掌握德爾菲的人，就掌握了全世界。」

　　世上大多數的原始文化，都相信偶發事件和未來有所關聯。但是隨著猶人教、基督教、伊斯蘭教的興起，大多數的占卜術都遭到禁止，轉進地下。但有趣的是，基督教軍隊在十字軍東征輸掉戰役時，都還是認為那是上帝在告訴他們軍隊成員不夠純潔，因而沒資格得勝。為了淨化自身，士兵們得鞭笞自己直至出血，還要禁食、沐浴、祈禱，直到純潔為止，並相信如此一來上帝就會讓他們得勝。對基督徒來說，上帝透過偶發事件向他們傳遞訊息，但是只有教士有資格解讀其意義。誰要是被逮到幫人算命，就得上火刑架，在歐美兩地，就有數十萬人因此被活活燒死！

　　儘管有這麼多嚇阻人們行算命卜筮之術的阻力，占卜之學卻未曾中斷過，而1950年開始，這逐漸成

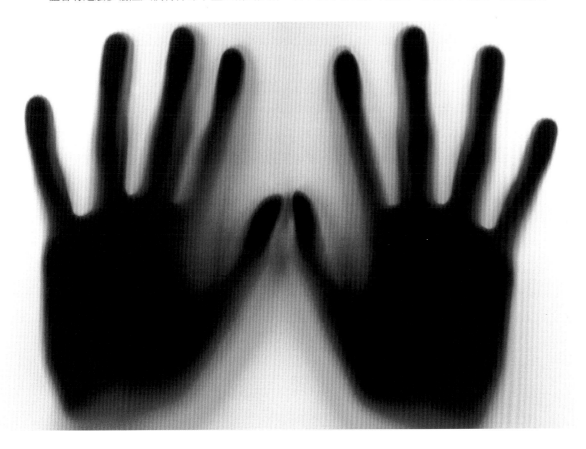

為一種國際性的流行。近五十年來，心理學有一支學派興起，專門探究人的心靈現象。不過很快地，人們就發現其中騙子不少，許多人以能命令物體移動、與亡者交談、預測未來等伎倆愚弄大眾賺錢，但儘管如此，也有些研究是貨真價實的。

直覺力無遠弗屆

眾所皆知，人腦有兩個層次，即意識和潛意識。意識的部分控制著邏輯思考、肌肉運動、感官覺知等等，而潛意識則負責自發性的生命運作，例如心腎功能、呼吸、肌肉協調等等，更重要的是，此一部分還負責收集身體細胞的資訊，並決定是否將其轉送至意識的腦內。如果我們感覺到什麼不對，可能是身體出了問題而導致疼痛、甚至是生命受到威脅，因而發出訊息。訊息表現的方式可以是夢境、感受，或是生理徵候，例如皮膚癢、咳嗽等等，有時甚至表現為身體協調的失衡，因而造成了跌倒、割傷，或其他意外的身體傷害等等。

潛意識和意識之間的溝通，便是所謂的心靈感知——也就是「第六感」，簡單說就是「直覺」。如果我們對身體內部的改變、身旁的偶發事件，以及對人與事物的察覺越敏感，並且學會如何分析夢境，那麼我們就越能開發我們的直覺力。

這種直覺力的應用範圍，遠遠不只是對自己身體內部變化的察覺；我們還可以運用這種能力，來察覺其他人身心內部的變化，尤其當對方是親近的人時，實際距離就不構成障礙。俄國人曾經做過一次實驗，他們抓了隻兔子，把牠的崽子送進太空，並在母兔子身上綁上電極，以偵測其出汗及心跳的變化，然後實驗者就把兔寶寶一隻隻殺死。每當兔寶寶一死，兔媽媽的心跳速率就會突然變快。這說明了生物對事物的敏感度，遠超過牠們所覺知到的。許多人在親人有難或過世時都會做夢，如今科學家已經證實，我們在冥冥中都是休戚相連的，而且訊息的確可以透過直覺力來傳遞。

我們也讀得到和未來有關的訊息。曾經有個研究，要受試者坐在監視器前，並監測受試者的心跳和出汗狀況。實驗者讓受試者觀看不同的畫面，從美麗的臉龐到可怕的屍體不等。看完正向的畫面，受試者的心跳和出汗率會下降，而負面的畫面則會讓心跳及出汗率上升。幾分鐘後，實驗發現，人們的心跳和出汗率，會在畫面出現於螢幕的前幾秒就開始改變。不知怎麼的，受試者竟能知道下一張畫面大概會是什麼，那訊息透過了潛意識——控制心跳和出汗率的中樞，改變了他們的生理表現。

聆聽直覺，相信自己

我們的直覺就是強而有力的訊息來源，它告訴我們關於身體、周遭的人與環境，甚至是未來的種種。只要願意花時間去開發對這些訊息的敏感度，你便得到一扇窗口，可以從中一窺那無形中影響我們生命的、看不見的諸多能量世界。透過這些訊息可以理解到何以事情會發生在我們身上，以及要做什麼來扭轉乾坤。找人算命或找靈媒卜筮或許也是有用的，前提是卜筮之人必須誠實，同時必須做功課開發其直覺力，而非單只是牢記牌面、星相或其他算命方式就可以的。如果他們不誠實、不準確，便可能帶

我們走上歧途。

　　同時，我們也得記住有一種心理現象叫「自我實現的預言」（Self-fulfilling Prophecy）。這種現象，是當我們相信某項預言時，那預言便會影響我們，使我們終於實現預言。未來或許如風一般，從某個方向朝我們吹來，但其影響仍在未定之天，因此我們依然可以改變其結果，我們也可以避避風頭，等待風向合宜時再起來，或是站得更穩些，好面對即將到來之事。算命仙的解讀，往往剝奪了我們改變未來的自由，因此，開發自己的直覺力、相信自己，才是最好的辦法。

　　如果下一次你發現了以下的事情：

★ 在見到某人時，突然有種奇怪的感覺
★ 正想打電話給某人時，此人就打電話來了，或者再次於你生命中出現
★ 好運連連或厄運連連
★ 從起床那一刻起，一整天事情都不對勁
★ 意外摔破某件東西
★ 被捲進意外事故裡
★ 耳朵癢或是眼皮跳動
★ 和朋友相聚後覺得疲累或甚至心力交瘁
★ 無意間亂畫出奇怪的圖案
★ 做了奇怪或重複的夢

　　那麼你最好停下來想想，說不定你的直覺在告訴你什麼。你的直覺可能正帶著你去掌握夢寐以求的良機，或是在保護你讓你免受背叛之苦，或是免於無妄之災。唯一能確定訊息內容的方法，便是盡早開發你的直覺力！　　　　　　　　　　　　　　　　　　　　　　　　　　　　　■

本文作者為安法診所醫師

什麼是「自我實現預言」？

「自我實現預言」的概念首先是由社會學家默頓（Robert Merton）在1948年所提出，意思是說，一個人的預期會改變引導著他往後的行為，逐步使得預期真的實現。

心理學家羅森沙（Robert Rosenthal）和雅各布森（Lenore Jacobson）在1968年所作的著名實驗證實了這個理論，他們在學年開始時先讓小學生們作智力測驗，然後隨機選出兩成的孩子，告訴他們的老師，這些孩子「智力上極有潛力」。學年結束之時，實驗者再度對全部學生作了一次測驗，發現先前被標籤為有潛力的孩子竟然表現優異，超出原本同水準的其他孩子。他們發現，老師的預期顯著地改變了他與這些學生互動的方式，放更多的注意力在他們身上，而這些孩子也感受到老師的關愛，進而真的提昇了學習表現。

「自我實現預言」不僅僅發生在正面預期，也同樣在反面預期發生效果。比如說，如果你一直認為自己是個倒楣鬼，於是只著眼於發生在你身上的壞事，那麼倒楣事情可真的會越來越多，導致你更加地認為自己果然很倒楣。（蔡佳珊）

如果你勢必要去算命
如何避免被糊弄

無論算命師如何建議，都只是一種參考，決定權在自己，自己才是命運的主人。

採訪整理—藍嘉俊

算命前的準備

抱持正確的態度

　　算命很像是一種心理治療，但切忌病急亂投醫，讓不肖的算命師掌握人性弱點，予取予求。任何算命師都不是上帝，功力再強，都有一定局限。因此算命師能提供我們的是一些面對問題的角度，提醒自我的缺點及限制，或者說，幫助我們看清自己。最重要的是，無論算命師如何建議，那都只是一種參考，決定權在自己，自己才是命運的主人；無論命運要如何調整，最根本的方式還是要從改變自己著手。

經由口碑與熟人介紹

　　就像是名醫與良醫的差別，曝光率高、到處張揚的算命師不一定就是好的算命師。好的算命師，還是要靠口碑或熟人介紹，比較保險，路邊拉客的當然就免了。不同算命師有不同的所長，要知道他的所長與自己的需求是否相符。

不要東找西找

　　既然說算命師像心理醫師，那就和找醫師的道理相同，不要東看醫生西看醫生。最重要的是找到有能力，也和你相合的醫師。有些算命師與求助者特別投緣，互動良好，所以算得特別準，反之，也有特別不準的時候。如果遇上覺得不錯的算命師，可以維持久一點的關係，以便他有「病例」可查，工作起來方便。

不要東算西算

　　就算有一個長期很受益的算命師，也不要動不動就找他算。道理也就像不要動不動就去打針吃藥一樣。身體要健康還是得靠自己，如何走自己的命運也是終究得靠自我思索、決定、實踐。

迷信與迷而不信

　　從科學的角度而言，任何算命都是迷信。所以，只要去算命，就要有接受「迷信」的心理準備。但是，算命千萬不要算到「迷而不信」。如果你又愛算，聽了別人的建議又不信，信了別人的建議又不做，然後東一個算命師看看，西一個算命師看看，這就是迷而不信。

算命時的判斷

第一眼印象

　　走進算命的場所，先觀察其布置是否燈光昏暗、賣弄玄虛。搞得陰陽怪氣，故作神祕，多半都是「密醫」。如果算命師的眼神飄忽不定、態度也不夠莊重誠懇，就要更加小心了。能走就走。

是否過於猜測

　　不急著發問，先讓對方說，看其功力。有些道行淺但口才佳的算命師，能從一連串的提問或套話中獲得充分訊息，足以唬住求助者。（例如你要問感情，對方就說你最近的感情不順，但這其實是從問題中找答案。）另外有些人東問西問一些問題，說的話都是模稜兩可，功力一定不怎麼樣。

是否過於武斷

　　算命師不能過於猜測，但也不能太武斷。世上的變數太多，真正的大師知道人力的推斷有其局限性，態度會相對地謙虛，預測時也保留一定的彈性。以權威的口氣說你某年某月某日一定會如何如何，這種過於武斷的算命師，往往只是以極端的方式博取信任，虛張聲勢的成分比較多。

是否語帶威脅

　　有些算命師會趁著求助者無援之際，以威脅、恐嚇的語氣迫使求助者就範，如告知對方將有大難臨頭，唯有接受其建議才能獲保平安，否則下場必定如何淒慘。或者說女方有什麼「惡夫命」，「第一任丈夫應由我來當」方得化解，這些都是典型的危言聳聽。

獅子大開口

　　算命師要靠收費生活，沒錯，但要有一個基本合理的消費標準。藉此斂財的人會先說你的命不好，或將有什麼可怕的劫數，要經由改名、改運來迴避，但要花一大筆錢（或其他沒完沒了的收費），這時，就要警覺到對方要敲竹槓了。

提出現代性的解釋

　　算命雖是一門古老的行業，但算命師應與時俱進，對於推算的結果，不該原封不動地挪用千百年前的說法。相對地，好的算命師能因應社會潮流及求助者的特性，提出符合時代性的解釋。

詳說原由

　　道行不高的算命師，只能模糊地說出結果。好的算命師，能夠對事件的來龍去脈提出符合邏輯性的、比較綜觀的分析。也就是說，好的算命師能提供更多讓你下決策的資訊。

問題與答案

　　問題要清楚，基本資料要備齊，如此，便可要求對方給一個較明確的答案。有些算命師會說些放諸四海皆準的話，如不要隨便替人擔保、注意飲食、少到醫院去，乍聽之下有道理，其實都是常識。通常算命都是推算過去較準，但千萬不要沈浸在過去的事蹟中，記住，重點是對方能對未來有一個清楚、有效的說法。你可以問明確的事件及發生的時間點，得以印證，避免對方含混帶過。

占星術

西方以科學的方式研究占星術，將占星與心理學結合得十分巧妙。

文——星座魔法師

ψ 起源

占星的起源十分古老，世界四大古文明之一的埃及，與其鄰近的兩河流域，有著比較可靠的歷史文獻。中國有一本書《果老星宗》，相傳是中國最古老的一本占星書。而我們現在所認識的占星，是由西方現代工業革命之後發展而成的。

事實上占星術之所以能夠在現代生活廣為風行，電腦科技的發達占有舉足輕重的地位。在古代要繪製一張天宮圖是專業技術，而現在只要將你的生辰八字輸入電腦，一張十分精確的星盤很快就能完整呈現，十分方便。

ψ 規則

占星術的算法基本上是以黃道十二宮為主軸（也就是我們俗稱的十二星座），配合地球的自轉公轉形成先後天宮，再將太陽、月亮及太陽系九大行星中的水、金、火、木、土、天王、海王、冥王等行星運行、日月之間形成的虛擬交會線（我們稱為南北交點）放入，成為占星術的論斷基礎。

ψ 幾個主要的論斷系統

行星落入星座：主要是用來占斷先天的氣質、傾向、性格，可用來理解事物剛形成時的狀態，若就個人的生命角度來說，則可以論斷其個人的先天天賦。

行星落入宮位：利用地球自轉一次約地球時間的一天來占斷後天的氣質、傾向、性格，可讓我們看到人事物在各種不同的時間、空間時的各種變化，若就個人的生命角度，則我們可以看成個人在各種生活領域的表現及其運勢。

行星與行星之間的相位：所謂的相位，也就是行星之間的角度，這種星際關係可用來探察各種人事物之間內在的結構，通常它也較能讓我們看到人事物變化過程中的吉凶禍福。有時候行星的相位也必須包含南北交點以及命盤中四個重要的點（上昇、下降、中天、地底）才算完整。

這三個系統都可以寫成專書來討論。簡單來說，如果星座是一個

大舞台，則宮位就像布景、道具，而行星就是在大舞台上演出的演員，行星的相位就像是演員之間的互動。

ψ占星在生活的應用

　　許多人想藉由算命來探察自己的個性、天賦及未來的運勢，目前用星座來算命可說是主流。如果只以太陽星座當唯一主角來進行論斷，和其他算命方式相比較，它算是相當簡單實在的；但如果想要從占星術很精確地看出完整的個性或者吉凶禍福的話，在眾多算命的方法裡卻又是最難的。舉例說，如果想用占星精確地了解自己流年的話，你的出生基本資料的準確度最好不要超過四分鐘，因為後天宮位是每四分鐘走一度；如果時間不準確，那麼誤差就會很大。

　　現代占星術在西方發展了許多系統，雖說同樣都是占星術，有時候各有各的說法，增添了占星術的複雜性。但有一點是可以確定的，占星在性格的論斷上有著與其他算命方式截然不同的地方，因為它雖是古代的產物，卻隨著時代的演進，在論斷上也有著許多創新的方法。最主要的差別在於，東方的宗教文化發達，命理與宗教幾乎是同一個領域，而西方的心理學發展得十分完整，並將占星術這個古代充滿玄祕色彩的學問以科學的方式研究，將占星與心理學結合得十分巧妙。從心理的角度來說，太陽代表自我意識，月亮代表情緒起伏，水星代表思考模式，金星代表價值觀、好惡，火星代表行動力，木星代表領悟力，土星代表節制力，天王星代表創意，海王星代表夢想，冥王星代表深沉意識。透過命盤中上述的三個系統，可以很快地看出一個人的性格，因此，在國外有許多心理諮商師本身就是個占星學家，使得占星術看待一個人的性格時不再是以吉凶、結果論，而能抽絲剝繭將自己的性格以多層次方式呈現，並能夠在很短的時間找到自己性格的優缺點。

　　占星術之所以能夠推測人的命運，而且有著相當高的精準度，簡單說就是「在天成象，在地成物」。藉由天象來反映世間的人事物，這也是古人偉大智慧的表現。

ψ如何超越甚至改變自己的命運

　　人言：「一命、二運、三風水」，若能掌握自己的命運走向，你的人生可能就成功了一大半。即使這樣，許多冥冥中的玄妙安排卻又不是單單靠一張命盤可以找到答案的。人的生命就像一個開放的城市，有秩序卻又帶有許多混亂因素，有著確定的格局卻也暗藏無限的變數。有人說命是不能轉而運是可以轉的，我的看法卻相反，我認為運是趨勢，而命是可轉可超越的，看命盤時最重要的還是深刻了解自己的性格，再因勢利導、截長補短，諸惡莫作、眾善奉行，透過各種世間修鍊反躬自省，改變自己的命數，我想這才是所有命理所說的真正核心。　■

本文作者為星座研究專家

計算你的生命數字

數字本身有著影響事物的脈動及能量。

文──藍寧仕　翻譯──劉燈

ψ 起源

畢達哥拉斯（Pythagoras）是古希臘最著名、對後世影響最力的哲學家之一。咸信他是數學、幾何學、天文學、音樂學之父，同時也是生命數字學的發明人。他認為數字不只是拿來數東西用的，數字本身有著影響事物的脈動及能量。

比方說，他曾經想過，為什麼方正的事物能帶有穩定和安定的性質，是不是因為數字 4 代表的是安定和穩定的能量？他還認為，一個住在門牌號碼為 4 的人，或是排行第 4、在 4 號出生的人，都會被數字 4 所影響，因此安定和穩定，就會成為他們的人生主題。由此延伸，所有數字的意義都是先天注定的，好比說數字 2 就代表著繩線的兩端，而繩子是用來把東西綁在一起的，所以數字 2 的意義便是依賴與關係。

你可以從身旁的數字中，例如生日、地址、電話，看看影響你生命的力量何在。透過這些信息，你可以更了解自己、發掘自己的才能、弱點和衝突所在。這些重要資訊不僅可以幫助你解決個人及人際關係上的問題，同時也可以讓你在幾分鐘內像翻書一樣迅速地解讀一個人。

ψ 規則

生命數字的計算方式相當簡單。你只需要把你的西曆生日的所有數字依次相加，直到得出一個數字。相加過程的每個階段都對性格有其影響，因此每個階

段的所得數字都有其名稱，請見右圖。

這裡以1952年6月15日出生的人為例，說明生命數字的計算方法。首先，把所有的數字加在一起，如圖所示：

$$6+1+5+1+9+5+2 \longrightarrow 29$$
$$2+9 \longrightarrow 11$$
$$1+1 \longrightarrow 2 \text{ 生命數字}$$

右大括號標示「天賦數」

第一步的加法運算，算的是天賦數，通常都是兩位數字。最後把天賦數的數字加起來，就是所謂的生命數字。如果得到的數字超過一位數，例如上面例子裡，2+9等於11，那麼就把這兩位數再加一次，直到只剩一位數為止。

在高段的生命數字學裡，還可以計算你生活周遭的所有數字，包括陰曆生日、電話號碼、護照和身分證字號，以及地址等等。把所有的號碼都放到圖表上後，所能分析的數字越多，對生命數字的解讀便能越準確。左圖便是上述生日的生命數字圖：

```
①    4    7
②   ⑤    8
3   ⑥    ⑨
```

我們生來皆有許多才能，簡單的生命數字只能表現出其中兩種（天賦數及生命數字）。等你讀出了影響你的數字及它們所帶來的能力後，請不妨想想，這其中有何啟示？你還能發展哪些能力？要怎麼做才能夠更加發揮你的才能？

數字1 —— 具領導才能、決策力、創造力、戲劇性的思考，注重現實
數字2 —— 具備對細節的處理能力、分析力、溝通力、協調力
數字3 —— 具創造力、溝通力，對於美及影像充滿理想的感知，喜愛為人服務
數字4 —— 安定、穩定、有組織力、做人實際
數字5 —— 具備口語溝通及說服力、對於自由及平等的覺察力、協調力、領導力
數字6 —— 具創造力，負責、敏感，對於物件的運作原理及維修有著極佳的敏感度
數字7 —— 具分析力、對於事物本質和細節的覺察力、富有人道精神、做人實際
數字8 —— 具創造力、領導力與商業發展頭腦，對他人的權利平等相當敏感
數字9 —— 具創造力、溝通力、人道精神，對他人的需求相當敏感並且樂意幫忙
數字10 —— 和數字1一樣，只是更有當頭頭的心，而不只是當個獨立的人
數字11 —— 和數字1一樣，獨立、意見多，好當領袖，但同時有著像數字2般的柔軟面
數字12 —— 和數字3一樣，充滿理想和創造力，但更實際，且比數字3更有能力，
因為他們願意嘗試許多數字3的人會裹足不前的事

本文作者為安法診所醫師

四柱推命

四柱是把人出生的年月日時換成天干地支八個字，就是民間說的「算八字」。

文／王明雄

文／王明雄

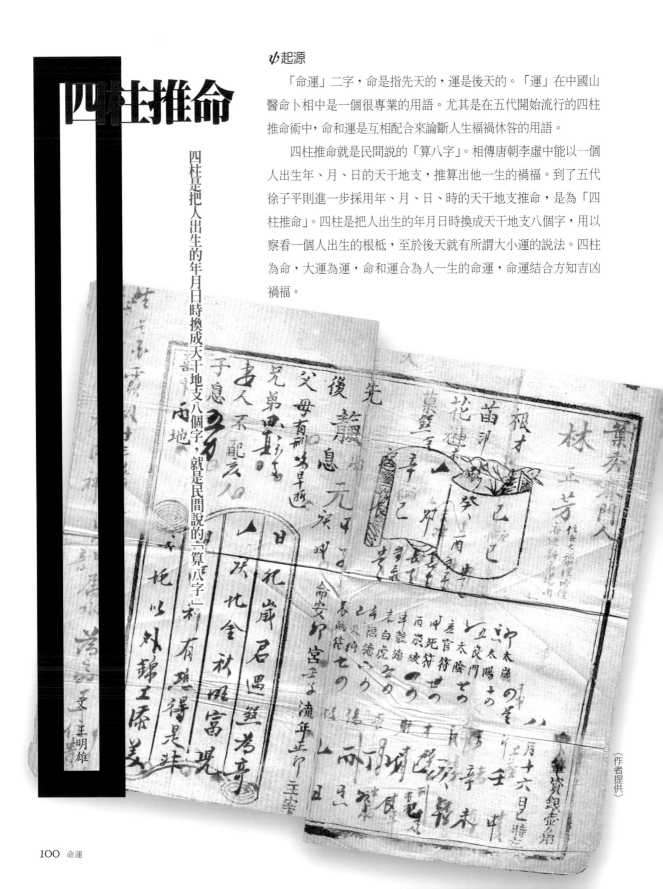

ψ 起源

「命運」二字，命是指先天的，運是後天的。「運」在中國山醫命卜相中是一個很專業的用語。尤其是在五代開始流行的四柱推命術中，命和運是互相配合來論斷人生福禍休咎的用語。

四柱推命就是民間說的「算八字」。相傳唐朝李虛中能以一個人出生年、月、日的天干地支，推算出他一生的禍福。到了五代徐子平則進一步採用年、月、日、時的天干地支推命，是為「四柱推命」。四柱是把人出生的年月日時換成天干地支八個字，用以察看一個人出生的根柢，至於後天就有所謂大小運的說法。四柱為命，大運為運，命和運合為人一生的命運，命運結合方知吉凶禍福。

（作者提供）

✐ 規則

　　八字的運是從生月天干地支起算，依六十甲子的順序，以陽男陰女順排，陰男陽女逆排，比如陽男（生在天干單字序的年）生月在甲子，他的頭一個運就是乙丑，第二個運是丙寅，每個運管一個人十年的休咎。如果男命生在甲年就算是陽年生的，是為陽男，乙年生的就是陰男，陰男走運就反其道，頭一個運是甲子前的干支，即癸亥，第二個運再倒算，即壬戌。女命則剛好相反，傳統有男左女右的道理，比如用在相學上，同樣是取《易經》的陰陽順逆反行的原理。

　　俗話說一命、二運、三風水、四積功德、五讀書。八字也談運，但是八字的大運是從八字推出來的，是八字中的一部分，和命宮胎元等是八字的附屬品。但是它卻是用來看一個人後天行走的變化，這個變化雖然六七成是定死的，卻給算命人一個創造個人前途的管道和藉口。所以就有命和運的分別。在這個空間之中一個人可以利用風水做好事和讀書來趨吉避凶。

✐ 命是定數，運可操縱

　　孔老夫子常被人拿來當做反對信命的聖者，但最早談命和運的人也是他。孔子自稱五十而知天命，六十耳順。在周遊列國，絕糧陳蔡，悽惶返魯後，大嘆：「時也！運也！命也！非我之所不能也。」事實上，上古中國人尤其是讀書人，會相信命運，即是受到他在《易經》的思想所影響。

　　到底命是什麼呢？漢朝的人說：「命有三，一曰正命，二曰隨命，三曰遭命。」正命就是發揮自我的好品質，去求發展。隨命就是按個人天分去做，不要多事去畫蛇添足，有人天生善妒、有人樂善好施、有人體健長壽、有人身帶惡疾早夭，所以命可說是天生的資源。

　　俗話說「天有不測風雲，人有旦夕禍福」，有時人會不小心走錯路，遇人不淑，結果受了不該受的苦，就是遭命。很早就有古人自嘆「命衰」，最有名的是孤竹君的二子伯夷、叔齊。這兩兄弟互相謙讓，放棄自己的地位，有官位不做，跑去投奔周朝，又怪周武王不孝順，所以看不起周朝，義不食周粟，終於餓死首陽山。司馬遷和孔子都稱揚他們的義行。他們兩人和孔子常常被拿來當做人面對命的能耐的典型例子，孔子聖者，卻被逼到走投無路，令人要怪命運作弄，但孔子知命，所以不去和命相抗，而孤竹君的二子多少是被自己的怪癖逼死的。

　　人生來有個別差異。這和家庭出生背景、基因、相貌、智商有關，怪不得誰，所以有人說命是定數。但是也有人因行善而致福，或選對了配偶、環境、職業、朋友，或自己的努力，因而印證「時勢造英雄」這句話。可見，「運」說的是後天人們可以自己去運轉的事。

　　命的部分不能改，但運卻不是亂七八糟沒有邏輯的操弄人生。這部分可以改變的空間很大，古人相信人不但可以操縱運勢，從而達到「改命」的目的，運也是可以被理解，甚至有非常簡單的門路和公式。在命學尚未開始前，中國古書就有五運六氣的說法。五運就是金木水火土五行相生相剋的道理，在漢朝被發展成算命術的基礎。

　　這五運配合了天干地支，即十個天干——甲乙木、丙丁火、戊己土、庚辛金、壬癸水，加上十二個地支——亥子丑北方水、寅卯辰東方木、巳午未南方火、申酉戌西方金，用這二十二個字來編配在時間和空間的運行，把運的行走寫成靈活的系統。如此，運不但變得面目清楚易解，而且也可以幫助人們合理安排各種決定和進程。■

本文作者為命理學家

紫微斗數

如果能夠抓住紫微斗數中每顆星曜的代表意義，也就可以了解一個人的個性與特質。

文——慧心齋王

☾起源

紫微斗數的起源有多種說法，最早被發現於《道藏經》，後來則有宋朝陳希夷撰成《紫微斗數全書》，將之發揚光大的說法。流傳至今，經過歷朝歷代的印證，始終有一定的準確度，再加上屢屢有研究者加入自己的經驗，形成更為豐富的算命系統。

☾規則

這種算命方法，是以天上的百餘顆星曜為主，藉著星曜的意義來推算命運。星曜中的紫微星因為有領導的性質與能力，故以

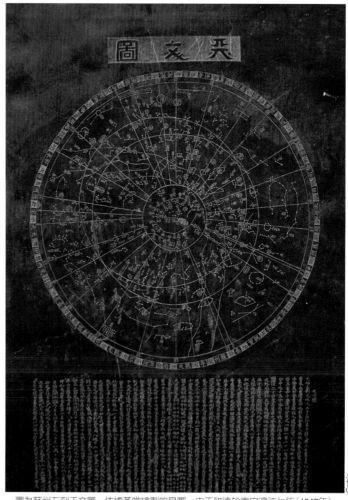

圖為蘇州石刻天文圖。依據黃裳繪製的星圖，由王致遠於南宋淳祐七年（1247年）刻成。

其為代表，稱之為「紫微斗數」。紫微斗數將人生現象分為命宮、兄弟姊妹、夫妻、子女、財帛、疾厄、交友、事業、田宅、福德、父母、遷移等十二大類，簡單易懂，很容易看出一個人的命運特質，以及前述十二類狀況在人生過程中的種種變化。例如何時適合置產、工作的成績如何等等。

此外，紫微斗數的四化星，將人的運氣發展分為十類，又因為與時間變化的互動，再分為大運、流年、流月、流日、流時等時間單位，可以了解前述十二大類如夫妻、事業、子女等人生現象的每個時間點的狀態。

只要抓住一些訣竅，紫微斗數可以立即了解人的一生狀況，以及每個時間點的情形。因此，也可以說具有一些如同卜卦的立即推算功效，而且因為解釋的方向可以十分具體（例如何時增加收入、換工作、搬遷，適合什麼樣的伴侶），也可以給人自我認識以及趨吉避凶的建議。

此外，紫微斗數還有其他功能，值得我們重視並且運用。

✔ 在生活中的應用

其一：如果能夠抓住紫微斗數中每顆星曜的代表意義，也就可以了解一個人的個性與特質。然後因材適性，幫助我們在生活中表達自己。當我們把自己的特質完全且正面發揮出來時，除了有心靈上的成就感之外，生活上的成就感也隨後而至。

其二：協助我們了解並開發一個人的潛能。潛能也可以解釋成潛意識中具備的特質。它沒有完全發揮，但是值得去發揮，發揮之後可以獲致成就或成就感。

其三：協助掌握每個人一生中不同時間點的狀況。例如命運中顯示，某個大運或是某年事業運顯示可以同時進行很多事情，我們就可以在那些時候預作準備，一方面接受各種新的工作機會，也留心不要讓自己勞累過度。

✔ 心存善念便能趨吉避凶

平時習慣負面思考的人，容易把事情往壞處想，所以給自己算命或是請他人論命時，如果聽到未來有災難發生，不免擔心。不過，這個時候真的應該處變不驚，因為算命的意義本是趨吉避凶，既是預知，就表示可以預先防範。方法有許多種，諸如從風水上著手，或是由想法上改變等。最有效的是有善念，以及善的行為。

善惡本來沒有統一的標準，拿捏的原則是心安理得。例如每天搭捷運代步的上班族，在捷運很擁擠時，不想「怎麼這麼累了還沒位子可坐」，而改成「我站一下就到了，以前沒捷運更累」。或說減薪百分之三十，心中不怨恨，而想「其實這樣還夠用，日子過得平安順利才是福氣」。朋友向自己借錢不還，但看對方是否惡意如此，而不從此對人性失去信心。如果常存感恩、惜福之心，也能真誠的祝福他人，這樣對命運多少有著幫助。

若能如此，即使算命先生論命的結果十分恐怖，也能夠安然處之。除了相信自己可以趨吉避凶之外，也不會怪罪算命先生說得嚇人，因為是對方給了我們多起善念、多做善行的機會。　■

本文作者為命理專家

圖像與塔羅牌

小說家卡爾維諾的《命運交織的城堡》就是一本以「塔羅牌」演繹而成的作品。這本小說描述一群進入濃密森林中的旅客，因為無法言語而各自以一張張的塔羅牌作為聊天的工具，透過這些無聲的塔羅牌圖像，敘事者與聆聽者展開了一場想像與誤讀的歷程。由此我們可知塔羅牌的運作方式就是「看圖說故事」，一張張的塔羅牌就像是一格格沒有對白的漫畫或分鏡表，經由觀看牌面圖像與牌面含意，占卜者對於事件的過去、現在、未來等等位置架構出一則完整的故事。

起源

儘管每個學習塔羅牌的人都希望這種占卜法有著悠遠而神祕的歷史，但是卻沒有明顯的證據可以證明這一點。目前比較可信的說法是塔羅牌為中世紀末的一種牌戲，可能與西洋棋有著同樣的起源。

塔羅牌由22張大祕儀與56張小祕儀所組成，56張小祕儀分為聖

塔羅牌在這兩年大行其道，或許這是因為塔羅牌是一種簡易的圖像式占卜法，與流行趨勢若合符節。

文—繆沛倫

杯、寶劍、錢幣與權杖四組，每一組有14張，後來聖杯演變為紅心，寶劍演變成黑桃，錢幣演變成方塊，權杖演變成梅花，也就是現在撲克牌的前身。22張的大祕儀來源則不可考，但這22張牌面皆為中世紀歐洲具有宗教意涵的圖樣，並在數百年之間經由許多神祕學者賦予其靈數學與符號學的意義，並漸漸有了統一的規格。

ψ規則

小說《哈利波特》中每一科都名列前茅的妙麗卻在占卜學上栽了個跟頭，後來終於放棄占卜學分，改修井井有條的算命課。算命是依據出生的時地等資料，演算出精確的命盤，進而推算各行星推進命盤各宮位或本命星宿，可說是集精確的統計、繪圖等學問於一身，難怪生性嚴謹的妙麗會喜愛算命學，而認為占卜學是瘋子的胡言亂語。

占卜學的確不像算命學有著嚴謹的推算過程，但在日常生活中卻無所不在。簡單如擲銅板、擲筊杯，乃至於觀看杯中茶渣，以及本文的主角塔羅牌，都是占卜的一種。算命學固然很精準，但是有其先天上的限制，比如即使占星學家可以依照先後天命盤推算精確的流年甚至流日運勢，甚至可以知道何時會有怎樣的生命事件上演，但是對於眼前遭遇的疑惑問題，卻難以給予立即性的指引，而占卜在此時就可以派上用場了。想必大家都有過以擲銅板來決定事情的經驗，而塔羅牌比擲銅板要更進化得多，除去牌面上具有神祕學靈力的效應之外，由於每一張牌面上都有圖案與寓意，因此除了「好」、「不好」之外，它還會指出好是怎麼好法，不好的話又是哪裡出了問題，因此對於當下遇到的疑難雜症，有著最明確的指引效果。

塔羅牌的算法是由「牌面」與「牌陣」所組成。每一張牌面各有不同的牌意，而所謂的「牌陣」就是占卜師會以特定方式取出一些牌，放在特定的位置，這些特定位置可能分別代表了這個事件的過去、未來、關鍵問題、主客觀條件以及最終結果等等。當紙牌放在「牌陣」中時，這些牌面的意義就會串連成一個完整的故事，進而給予指引的效果。

ψ挑一個最適合的占卜師

占卜是屬於占卜師與被占者兩個人之間的事，精通占星學的心理學家榮格稱此為這兩人之間「神祕的交感關係」。一個良好的占卜師絕非一成不變，他要能依據需要卜問的問題排出最適當的牌陣，畢竟塔羅牌最重要的功能就是指點迷津，如果占卜師無法依據每個問題的不同而提出相應的牌陣，削弱了指點的功能，這樣就不能算是優秀的占卜師。

另外，儘管塔羅牌是一種說故事的算命法，但是畢竟不是通靈，占卜師不大可能說出超出自己生活領域外的話，比如找一個對於財經素無研究的占卜師詢問關於投資的問題，大概占卜師也只能說出「好」或「不好」，而無法精確地指出如何選擇投資工具等細緻的指引。

其實圖像式的塔羅牌是一種相當容易自學上手的占卜方法，在學習看圖說故事的技巧的同時參悟天命玄機，這不也是非常有趣的事情嗎？

本文作者為文字工作者

易經占卜

《易經》化繁為簡的法則，將萬物關係納入掌中一目了然。

文—王明雄

ψ起源

早在夏朝，中國人就有占卜的活動。

《史記‧龜策列傳》有云：「夏殷欲卜者，乃取蓍龜。」凡卜與筮、占與筮、龜與蓍，是以龜甲、獸骨兆象斷吉凶，或根據揲蓍（草）數列定休咎，龜甲與揲蓍構成中國古代廣泛流行的兩種主要占卜法。

不同於甲骨占卜觀察兆象變化，筮占是根據揲蓍法所得數字變化定休咎禍福。這是源起於原始社會簡單的數學運算法，後變為占卜手段。商朝武丁時，占卜是用三爻（「單卦」），到後來，周文王和周公發明了六爻（「重卦」）的占卜法，演成周易，以後我們直接把易卦稱為文王卦。

在這漫長的過程裡，這些占卜的觀念、系統與解釋整理出來，就成為《易經》，到孔子再整理過後，就是今天我們所熟悉的《易經》。

《易經》的最早功用之一是為了占卜，這是不可否認的。從上古伏羲制八卦，以「通神明之德」，一直到現代，除了後來儒家義理的研究，《易經》主要就是為了算命占卜。我們總以為孔老夫子不愛算命，事實上流行到現在的周易占法，大都是根據他在《易經》交代的方法發展出來的。

自古《易經》即有象和數二派，而占卜的承傳是以象為主，如漢代孟喜、京房，仍以《周易》占筮學說作為研究方向，不僅倡導卦氣、納甲、飛伏、五行、八宮卦諸說而首創象數易

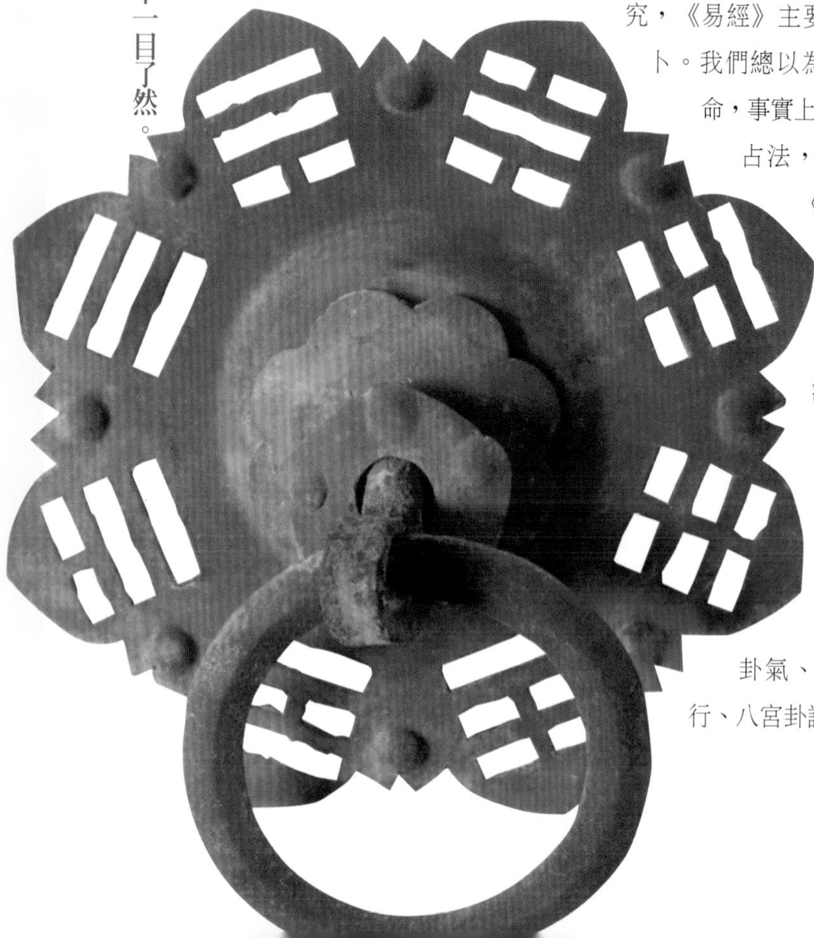

學體系，也改革了《周易》占筮起卦和解卦的方法。在易學發展上，漢朝的京房居功甚偉。

此外，京房還把孔子在《易經·說卦傳》中類似六親的觀念應用在納甲卦上，不但建立了後來占卜學的完整系統，而且也影響到後來所謂五術（山醫命卜相）的各種應用和原理。

✎規則

中國從孔子開始講人倫，注重六親的關係，多少是來自占卜的六親原理。中國人相信世界的運行不外乎按照事物相生、相剋、相比的關係運行，事物會生他物，有如父母生子女，所以易占有父母爻、子孫爻，比如子水生卯木，卯即為子之子孫，而子水為卯木之父母。另外就是以相剋關係成立的，在易占上稱為財和官，在六親方面即為夫妻關係，比如酉金剋卯木，酉為剋的主動，卯為被動，酉金即為卯木的夫官，而卯木則為酉金的妻財。再來就是相類比的關係，也就是同類相比，比如以天干地支來說，甲乙為木，甲與甲或乙的關係即如兄弟，是以甲為甲或乙的兄弟手足。在八字學上，稱這類關係為六神論。

我們所說的事物可以包括任何實物、實體、空間、時間甚至觀念。對中國人而言，《易經》用化繁為簡的法則，可以將時間換為空間，將年月日時轉為東西南北，萬物的關係就可以納入掌中一目了然。

算命占卜的人，論金錢卦、風水、八字，都是用這三種基本的關係，也就是事物相生、相剋和相比，來觀察彼此互相牽動而形成的。所以，占卜算命不但人人可學，連小孩也可以學，而易占的方式很多，基本道理相同，所以看八字、堪輿、占卜，操作的方式一通百通，都用到了孔子和京房明示的原則。我們可以說，天干地支和相生相剋的六親論（在八字稱為六神論）是中國文化最無可比擬、最重要的發明，不知道這個道理的人，便無法了解中國文化事物舉凡政治制度、音律、建造、兵法與文學藝術的精髓。　■

本文作者為命理學家

卜卦的一些簡單須知

●《易經》與卜卦的道理極為深奧，多少專著都難講得清楚。這裡只能整理一些對初入門的人的須知。
●任何問題，要先用自己的理智與知識去判斷、思考，不到山窮水盡，或是碰到左右皆可，實在無法取捨的時候，不要卜卦。因此有「善易者不卜」之說。
●《易經》的「易」字，本來就是變易，也就是變動的意思。世上萬事萬物都在不停地變動，所以用《易經》卜卦，問的事情要越清楚越好，時間要越清楚越好。換句話說，不要問「未來三年我最需要注意什麼」之類的問題。
●問問題的時候，不能有不好的心思。所以不能問一些存心損人害人的問題，譬如「明天我去打某某人一頓好不好」。
●問問題的方法，不能用消極或負面的角度。所以不要問「我不要做某件事好不好」，而要問「我去做那件事好不好」。
●卜卦之前，要心誠。也就是要放空自己所有的先入為主的心理。不要自己心裡希望有個答案，等看到卜卦結果，發現不合你意，又要一再重卜。這是大忌。
●《易經》自古就被人視為深奧的學問，其中的文字如何解釋，固然有理可循，但也有太多需要揣摩之處。因而有「玩易」之說，也就是把玩那些文字的涵義。到了現代，一般人對《易經》裡的文字更加難以理解，無法掌握，因此很容易望之卻步。所以要琢磨《易經》，必須要有長期研究的心理準備。（編輯部整理）

咖啡占卜

咖啡占卜和心理學家所謂的「羅夏墨漬測驗」很類似……

文‧圖—藍寧仕　翻譯—劉燈

起源

咖啡大約是在五百年前在北非發現的，那時人們把咖啡豆放進鍋裡輕輕煎過，然後磨成細粉末，再用水煮沸，如同煮湯一樣。煮沸後的混合物倒進杯裡，稍事等候；咖啡粉會沉到杯底，人們飲用上半部的清澈飲料。沉澱杯底的咖啡渣會呈現各式圖案，只要稍加想像，就會十分新鮮有趣。很快地，人們就用此圖案來算命──咖啡占卜就此誕生。

咖啡占卜的竅門在於，當你望著杯底隨機形成的咖啡渣圖案時，直覺會透過你的想像、傳達訊息給你。咖啡占卜和心理學家所謂的「羅夏墨漬測驗」很類似，受測者觀看隨機畫成的圖案，但每個受測者對所看到的形象都各有不同的解讀。正因為如此，有人說這種算命術相當容易，因為幾乎沒有規則，只要跟著想像和創造力所給出的靈感就行了。唯一困難的部分，則是要分辨出，你所看到的形象究竟代表什麼意義。

規則

首先，準備一些希臘咖啡豆（或任何你能夠找到的咖啡豆），以及一台磨豆器。一杯咖啡約需一茶匙的豆子，將豆子放進磨豆器裡，磨得越細越好──通常要比一般咖啡多磨上一倍的時間。

咖啡磨好後，每杯咖啡量約一茶匙的咖啡粉，加一茶匙的糖（如果是中等甜度的話），然後用杯子裝水，量出需要的水量，將水倒入鍋

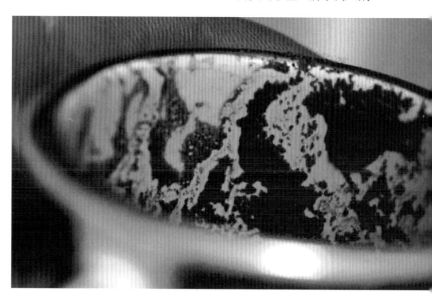

中。希臘咖啡一般用的杯子，是義式濃縮咖啡（Espresso）所用的小杯子。將鍋子放到爐上，煮至水滾，直到咖啡泡沫冒了上來，就可以把鍋內的咖啡平均分到各杯裡。在希臘，有些人認為咖啡第一次滾了後，就要把鍋子拿開，然後再度放回爐上，一共要滾三次才行！

接著等咖啡涼一點，這樣咖啡渣才會沉澱，但不要攪拌，否則你會喝得滿嘴咖啡渣。等待的時候，想一想你要問什麼問題。不要問有關「何時」的問題，例如：我何時會結婚，因為這類的問題，已經預設了肯定的答案，也就是說，你一定會結婚，只是何時而已。最好問一些關於自身處境或是困境的問題，例如，我會通過即將到來的人考嗎？我的朋友怎麼看待我？我的男／女朋友是否愛我？諸如此類等等。問題想好後，喝下咖啡，想想你的問題。杯子見底後，你就會看到咖啡渣，此時就別再喝了。在桌上放一張衛生紙，然後將杯子倒立過來，讓咖啡渣流出來，這就行了。等咖啡渣乾後（大約等候五分鐘以上的時間），你就可以開始讀咖啡渣了。

等咖啡渣乾了後，再次想想你的問題，然後瞧瞧杯底。你所看到的第一樣東西，也就是第一道形象，就是你問題的答案。通常，所顯現的形象，會聯結到其他事物上，因此專心觀察，並且不要為你的想像力或創造力設限。為了讓事情不要太複雜，只要把第一道形象當做答案就可以了，等你解出第一道形象的意義後，再去想想你所看到的其他形象代表什麼意思——通常其他形象是為主問題答案所提供的背景資訊。

解答形象有很多種方法。首先查查下面的列表。如果查不到，就想想這個形象對你的意義是什麼。是正面的，還是負面的？另外，也可以試試，看形象可以與哪個字詞聯想在一起。例如，想到「小孩」，你會聯想到哪些詞彙？有人會說小孩讓他們聯想到麻煩，很可愛但需要照顧；或是新事物的開始，但之後還有漫漫長路要走等等。有時杯底的形象根本不需分析，因為它們如此具體，例如你問該搬去哪個國家住，結果你看到了北美洲的形象——杯底直接給了你圖像的答案。字詞聯想，往往可以為你的問題，提供十分精準的解答。■

本文作者為安法診所醫師

杯底圖案的意義：

- ●直線通常是好的，表示答案是正面的，而曲線則代表你的計畫將遭遇困難。
- ●圓圈代表成功，或是接下來發生事件的結果，將會對你的生活帶來正面的改善。
- ●正方形或長方形代表限制、困難，或是失敗。
- ●三角形代表成功，尤其是在媒體或藝術方面的成功。
- ●星星代表工作的機會，或是一種想法，如果貫徹下去，就會帶來極大的成功和收益。
- ●地圖（如左圖的咖啡渣形成北美洲的圖案）指出你問題中的發生地點，也可能有象徵性的意義。你認為地圖上的國家，有什麼特質，而那些特質，又是否對應到你所問的問題？
- ●杯底的數字有各種意義。奇數代表幸運和正面意義，偶數則代表負面意義，或計畫遭遇延遲。
- ●字母表示你當前處境的進展程度。杯底若是呈現拉丁字母A，表示有新事物要發生了。但是，若你問的問題，是關於你要著手進行的新計畫，而你卻得到不是A的字母，好比說是H，那就代表你的計畫不正確。你得想得更清楚些，問自己一些問題，因為你著手切入的角度不對。另外，字母也代表著人名的開頭字母，甚至有可能拼出關鍵的人名或字詞，這樣的人、事、物將為你帶來麻煩。
- ●杯底也可能出現占星學上的星座符號，代表當前處境的狀態，或是標示出你該提防的人。例如，如果你看到一隻山羊，這可能指的是你所認識的某位摩羯座（山羊座）。看看山羊的表情，並注意這山羊打算做些什麼。
- ●杯底的人形意義廣泛且種類繁多。一般說來，如果看到有人站著、面對你，或是手朝上擺，這意義是最好的。杯底若出現你的臉譜，代表著有人愛上你了！若非如此，例如說是側臉，或者是手朝下擺、彎腰、或是坐著，這一類非正面的其他人形，代表的都是負面的意思。

水晶球占卜
新世紀的澄淨凝視

水晶球的凝視（The Gaze of Crystal），自古以來，號稱為最著名的魔法——吉普賽人便以水晶球作為預測未來的好法具，這是既神祕又具魅力的方法。水晶球算命是種最普遍而易懂的美學，我們就像等待撫摸著水晶球算命的吉普賽女郎說出未來，以膜拜的姿態等待，讓完美無缺的卜詞催眠。沒有紫微與星盤的深奧玄理，水晶球占卜貼近人類真實的想望，透過無瑕的透明晶體，命運的心緒也在其中暴露出來。

☾ 起源

自古以來，西方吉普賽巫師以水晶球替人算命，佛教界視水晶為七寶之一，密宗也以水晶練天眼通，觀前世來生。

水晶球占卜貼近人類真實的想望，透過無瑕的透明晶體，命運的心緒也在其中暴露出來。

文——粘利文

Corbis

水晶球凝視最早起源於西方的異教信仰，甚至早在《舊約聖經》中便曾被提及。有時水晶球並非必需，例如埃及與印度靈視者可以憑一個杯子占卜，紐西蘭的毛利巫師則只藉一滴血。吉普賽人是浪跡天涯的游牧民族，以天地為家與萬物共存，因而能感應來自天地間的神祕力量，擁有超乎常人的天啓能力。他們以凝視透明的水晶球來重現過去預知未來，凝視冥想讓思考從日常生活中超脫，喚回預言本能。

✒規則

　　水晶本身具有強烈的天然宇宙正電磁波。在1929年時科學家已證實人的體內存在著一種磁場與靈力電波，而此種電磁波與地球、星星、月亮、太陽之間的吸引力有著密切的關係，也可說是互相生剋之影響。水晶球之能有靈修的維持，是當水晶原石接觸其他能量磁場時，能夠以不同的頻率發出振動。吉普賽人藉由水晶球異能占卜，其實是更借助水晶球來集中意念，打開內在視野的「心眼」，進一步藉由被占卜者的磁場能量來讀心。平常的水晶球通常用黑絲巾遮蓋，是避免接觸而讓晶體吸附到其他不必要的能量。

　　水晶球對於占卜靈魂和開啓無形世界的預言，是一種很有利的工具。水晶球的算法稱之為「凝視」。凝視水晶球可以幫助我們開啓對無形世界的視野，以及對未來的想像，甚至是對過去事物的重現。一般的占卜法有兩種，傳統吉普賽占卜者的水晶球主要是傳心術，新世代則流行個人以靈修的方式來作自我心靈凝視。

　　傳統的方法，占卜者利用右手傳到左手給予水晶球力量和能量，因為左手被認為可以傳遞敏銳度到球裡面。每個凝視水晶球的人都必須讓自己和水晶球合而為一。用它來冥想，只要簡單將左手置放於球上，屏氣凝神以待。水晶球中出現的影像，通常是近似雲狀的，更清晰的則能顯示出與欲占卜者本身相關的人事影像，通常是過往與未來並存。占卜者透過內在的心眼，讀出被占卜者心中的生命訊息。雲的顏色也具暗示性，雲朵的形狀和移動的方式也能提供一些訊息，只要你相信你的直覺和感動。

　　有些人認為：雲朵向上移動就是好事，向下移動就是不好的；也有些人相信，移動到右邊表示是具有啓發性的靈魂，移向左邊表示現在不是進行占卜的好時機。至於什麼樣的事情適合以水晶球來占卜，根據老吉普賽人們的說法，只要是預言運氣、愛情、婚姻、財運、事業、命運、交友、旅行等整體運勢都適合。

　　如果是自己作為靈修，必須了解到水晶球裡看到的將是千變萬化的。剛開始經常會看到雲霧狀，就好像是起霧一樣，也可能是一種乳狀或甚至像是有雲飄過一般，這是好的徵兆，表示清澈透明的景致即將來到。接著會出現雲、顏色、圖像、臉形，然後是整個景觀。剛開始時要解釋自己看到什麼通常是很困難的，然而顯現的景致正好反映出心之所想。占卜的好壞，必須視當事人心中的狀況而定，一個好的占卜，意味著預測將會在未來發生。　　■

本文作者為作家／藝術家

趨吉避凶七武器

文—曲辰

或許，厭勝物是一種幫助我們完成自我夢想的東西，有這些東西在身邊圍繞，也是一種幸福的實質表現。

根據榮格的說法，人有一種向外在不知名的力量尋求未來方向的傾向，在這種尋求的過程中，不斷地藉由象徵來表達出自我與社會意識的交互作用。講得白話一點，其實就是「每個人都想要知道自己的未來，那是一種人無法自己看得到的東西，所以只好靠算命來知道自己的命運」。

而每個人都曾經想過「如果我早知道如此，就不會……」，只是算命過後讓你知道「未來」，發展順利也就算了，偏生你知道擋在你前面的是個充滿災厄、痛苦綿延的歲月，那該怎麼辦？是聽天由命隨波逐流、任由時間摧殘，還是勇敢面對、努力尋求因應之道來破除霉運？

大概多半人都會選擇後者，畢竟有人講過，「算命的功能是用來趨吉避凶」。但在知道自己的吉凶後，要如何趨、如何避，便成為一個大學問。除了那些精研命數的老師們了解如何消災解厄之外，其實也有一些小東西可以幫助我們生活得更順利、更順心一點喔。

厭勝物的起源

在講趨吉避凶小物品之前，先來說說關於厭勝[1]的種種。所謂厭勝一詞，最早出自《漢書‧王莽傳》：「莽親之南郊，鑄作威斗。威斗者，以五石銅爲之，若北斗，長二尺五寸，欲以厭勝眾兵。」新漢後期劉秀率民兵討伐，莽軍難擋，所以王莽才求之鬼神妖異，在地上仿造北斗七星的形狀用銅鑄一威斗，想以此打敗敵軍。

結果我們當然知道是失敗了，但是這同時也代表了當時方士的確相信能運用某種東西或方法來使得某個人或物品能遵從他的要求，或衰退或旺盛，這也被稱為「厭勝術」。後來經過不斷發展，進而成為不是巫術單有的「厭勝物」。厭勝物小從一枚戒指、一副耳環，大到金門風獅爺，甚至連香港的中國銀行大樓，在堪輿學的角度上也是個關於香港命運的。如此廣泛的運用，在不斷的口耳相傳、歷史演進中，自然會演變出許多人所愛用的厭勝物，以下我們就介紹最常見的幾種厭勝物。

但需要強調的是，我們所介紹的，是以普遍現象而言的方法，不一定符合所有人的狀況。建議可以先照做一兩個月，假使沒有效果，但又不討厭，表示我們介紹的方法對於本運傷害不大，或許可以繼續擺著。不過如果覺得情況反而變得更差，盡快除去設置應該是比較好的。

一、鏡子

鏡子不管在各方面，都是屬於良好的厭勝物。在風水上來說，家裡的大門如果正對著馬路叫「路沖」，煞氣直撲家中，不僅夫妻情感不睦，也容易有不好的事情發生，這時放個八卦鏡在大門上，鏡面朝外可反射煞氣，保住基本的氣運。要是房門剛好對著廁所的門，那也不好，住在那房間裡的人容易身體不好，此時懸面鏡子在房門前也可避煞。如果覺得自己最近老是衰事連連，不管什麼事情都不順心，可以擺面穿衣鏡在房間裡，半面向窗戶半面向床舖，引進光源，就好像引進光亮把祟氣趕走一般[2]。

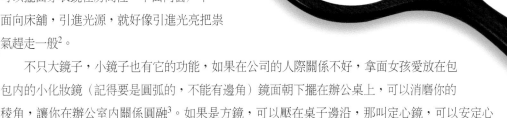

不只大鏡子，小鏡子也有它的功能，如果在公司的人際關係不好，拿面女孩愛放在包包內的小化妝鏡（記得要是圓弧的，不能有邊角）鏡面朝下擺在辦公桌上，可以消磨你的稜角，讓你在辦公室內關係圓融[3]。如果是方鏡，可以壓在桌子邊沿，那叫定心鏡，可以安定心神，不會在緊要關頭出錯。此外，鏡殼盡量以暖色系為主，好比紅色或橘色。

總的說起來，鏡子幾乎是「進可攻、退可守」的厭勝物完美典範，但是運用的時候要小心，如果覺得有不對勁的地方，馬上撤掉相關布置才是上策。

鏡子其實還可以拿來占卜，在古代稱為「鏡占」。方法如下：準備三炷香（或雙手合十亦可），誠心在心中祝禱鏡神，對祂問出你想問的問題，如「大牛會不會娶我」、「明天籃球會不會贏」之類的都可以，接著輕叩鏡面一下，用紅紙把鏡子包好，放進口袋裡（所以鏡子不能太大）。然後出門，你出門聽到路人的第一句話，就是對你那個問題的回答。

例如，小英問：「聯考會不會考上理想志願？」鏡占之後，出門聽到街口水果攤老闆招呼道：「來喔，這水果不買可惜，吃了包甜的。」意思就是小英上的機率非常大，為了博得好彩頭，建議不妨真的跟老闆買些水果吃掉。由於這種占卜的自由心證成分相當高，所以準確度也因人而異，玩玩可以，過度相信則不宜。

二、各色物品

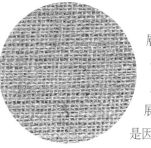

陰陽五行論中的五行相生相剋，是影響中國各個生活層面的基礎概念，不只算命，就連醫學也可以與五行合併來看，如心屬火、肺屬金，因此心火過旺、肺氣會不足（因為火剋金）。當五行跟顏色配合在一起，那更是發展得多彩多姿，常常聽見有人說吃黑色的東西對肝好，這是因為黑色屬水，而水生木，木又屬肝，因此吃黑色的東西可以補肝。

同樣的，在命理上來說，不同顏色代表不同的氣運，例如綠色的木氣就代表著考試運、人際運勢之類的，而佩帶不同顏色的物品也會有不同的功能，像黃色的配飾──如耳環、手環、項鍊，就有著招財的功能，因為黃屬土，而土又生金的緣故。但並不是每個人都有那麼多不同顏色的首飾可以用來「補色」，因此準備幾條不同顏色的布條倒可以將就著用。

特別注意的是，這些布條最好是用「天然的材料」做成的，像純棉、純絲、純麻、棉麻混紡都是可以的，盡量別用尼龍、塑膠之類。以下是幾個比較常見的想望的建議：希望自己異性緣好的，可以用黑色的布條綁在身上[4]；希望能夠「結婚」，可以把紅色（不要暗紅色）的布條綁在床頭，或壓在枕頭下；期待自己財運旺盛，不妨綁黃色的布條在身上，或者是在脖子上纏條黃線；白色的布條可以讓自己不要老是有小麻煩，運勢可以稍微旺一下；綠色就是避免身體的小病小痛，當然，該看醫生的時候還是得去看喔。

三、植物

中國人是相當象徵主義的民族，從《楚辭》開始，就喜歡拿香草象徵德性清高的臣子，一路發展到漢朝時，董仲舒的《春秋繁露》正式將天象、地動與君王的行為結合，凡事奉為讖緯，奏之皇帝莫敢不從。同理，這種象徵主義在民間療法也是隨處可見的，不但吃腦補腦、吃心補心，還可以發展到形似而功能同，像吃竹笙清肺（取其肖肺管）、吃髮菜烏髮都是這麼來的。

當然，植物在開運的功能上也絕對不遑多讓，尤其在養氣招財部分，絕對是頂尖中的頂尖。放盆爬藤植物在辦公桌上，有綿長久久、工

作久久的想頭。桃花種在窗台邊，可以招來桃花運、男人緣，可是要記得，如果有枯的樹枝或凋萎的花必須馬上修掉，否則搞不好會帶來爛桃花。開運竹要保持水綠嫩光可不容易，放在客廳是個不錯的招財地點。

不過種植物有件事情得注意，就是一定得保持它們的外表亮麗，就算不澆水也得噴噴水來讓它們看來青蔥水漾，不可以有枯萎，或是一蹶不振的現象，不然你放十盆招財樹也沒有用啊。

四、象形物品

誠如前面所講的，因為強調象徵主義，所以除了植物外，動物也在開運界占有一席之地。只是動物跟植物不大一樣的地方在於，動物的象形物品往往是要強調「現況的改變」，好比嫌錢太少，所以就擺隻咬錢的三腳蟾蜍（十幾年前很流行的招財擺飾品）在玄關[5]，這種站在「主動出擊」的立場，跟擺植物的態度有很明顯的不同。

除了三腳蟾蜍，還有金錢龜、銅龍，都是用來招財的，不過銅龍要記得頭往外擺，金錢龜最好能擺在神龕上拜。如果夫妻感情淡薄，放張鴛鴦或鸞鳳和鳴的圖畫在床頭的牆上挺不錯的，想要「拉回另一半的心」，還可以在畫框上纏條麻繩，有加強的效果。就運勢來說，可以試試在大年初一時，在玄關放隻牛的雕刻品，「安春牛」可以加強一年裡好的運勢，並且排除壞的運勢。

此外，還有所謂自然景觀的象形，如模擬山形的「山海鎮」，在風水上是非常重要的避煞安家道具。那種仿似流水在家裡製造潺潺清涼感的「石來運轉」，也有活潑家裡氣氛的功用。

五、特殊數目的物品

數字在各個古文明中，都有著強大的力量，像埃及的靈數學就認為人的生日有其神聖意義，不可以輕易忽略。這跟我們的四柱論命有點像，可是他們強調的是生日的「數字」，而不是生日的「時間」，幾年前風行一陣的生日書就是基於這種學說而出現的商品。

中國當然也有這種類似的靈數學，只是可能又同時賦予了象徵意義，所以春節會有五隻蝙蝠團團圍著的吉祥圖案，代表「五福臨門」。如果你去人家家裡，發現有個盤子裡裝著紅白藍黑四色水晶或石頭，還各據四角站好的話，就別去碰人家的「四聖招福陣」了（記得還要配合方位喔）。

所以，每次錢包裡永遠都留下七個硬幣，叫做「母錢」，只要隨時保持錢包裡那七個硬幣，就

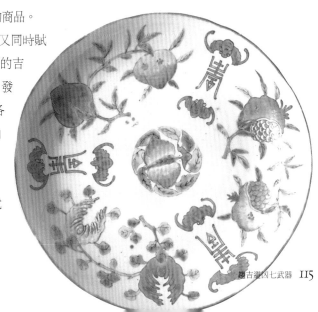

可以母錢養子錢，錢越養越多[6]。十顆白石頭、十顆黑石頭，放在金魚缸裡（要注水），擺在房間床頭，那叫陰陽活水盆，有助於保健身體。買兩顆粉色水晶，串在一起戴在身上，可以讓你跟另一半感情和睦。

六、特殊質材

中國自古以來認為人與自然的關係，就是應該要和諧而順天，所以才會有「斧斤以時入山林」的說法。和諧與順天也是為了能夠跟天地之氣調和，上迎天之清氣、下排地之濁氣，如此清濁交換、生生相息，於是能達到所謂「天人合一」的境界。

當時的人們，為了能夠幫助自己與天地應和，會佩戴一些輔助的、特殊質材的配飾，例如玉飾，玉溫潤光瑩能保氣脈，選擇時以通透為主，不一定要挑深綠色的。或者銀飾，銀能排祟辟邪，如果覺得自己容易心雜意亂，買個銀手環試試可能不錯。

隨著時代的改變，如今水晶當道，嚴重威脅到玉跟銀飾的地位，尤其不同的顏色還有著不同的功能，格外吸引人。粉水晶求愛情、黃水晶求財富、紫水晶增智慧，非常迎合當代的風潮，彷彿氣的便利商店，可以對症下藥，缺什麼就買什麼。

可是必須注意的是，所謂養氣，就是你得要養才會有氣，並不是買來堆在那兒就可以產生作用。起碼要意識到它們的存在，進而相信真的改善了自己的氣，這樣才會有真正的益處。

七、符咒

講到符咒，很多人第一時間會想到天師抓鬼符吧，其實與其把符咒看成與靈異世界的接觸，不如想像成那是精神力量的凝縮。不只是符咒的線條充分展現中國人的象形世界觀——咒語、鈐印、厭勝融於一爐，還包括了外在的身體動作（需要開壇才能開符）以及內在的修鍊力量（必須是得道人才能開符）。

如果是由專人開符，請務必問清楚使用方法，並且乖巧地按照指示做——畢竟那是我們不清楚的世界，有人指路不如就照著走，否則別說走岔路，恐怕連迷路都挺麻煩的。至於在農民曆中讓人影印參拜的財神符或安太歲

符，可能就得靠自己多用點心了，否則應該不會太有感應才是。

關鍵的力量在於……

上面講了很多的厭勝物，也講了很多的招財納福小技巧，可是不管有沒有照著做，必須要強調的是，促使它們成真的力量，不是神、不是鬼、不是大師，而是自己。

只有當自己真的相信這些可能成真，這些厭勝物才會有具體的效果，與其說是這些厭勝物替你招財，毋寧說是它們幫助人們聚集精神，強調自己的信念，在這種不斷提醒自己的過程中，達到了一種類催眠的效果，讓人相信「沒錯，我一定會有錢」，或是「沒錯，真命天子就在前方」。

人只有在相信的時候才會發揮力量，要是比賽還沒開跑就已經想著「我一定會跑不動」，或是登山登到一半想著「還是回家好了」，那是不可能成功的。信念堅強，潛能就有所發揮，只要不做過分的要求，潛能無限強大。

或許，厭勝物是一種能夠幫助我們完成自我夢想的東西，如果真是如此，那麼有這些東西在身邊圍繞，似乎，也是一種幸福的實質表現。

只要相信，就有幸福。　　　　■

1 這邊的厭勝的「厭」，要唸作「一ㄚ」，引申為強迫的意思，故也稱「壓勝」。
2 如果窗戶不面陽，可以半面向房裡的主要光源（像日光燈），半面向床。沒辦法向床，向桌子也行。但是切記，鏡子絕對不可以正面直接向床頭或床尾，這會讓人精神不濟。
3 如果是學生，可以放在課桌的抽屜裡，記得把鏡面朝下。
4 綁在手腕上或是別在衣服上都可以，再不然也可以綁在包包上。
5 咬錢的三腳蟾蜍擺在玄關有個重點，記得把嘴巴向屋內，這樣代表把錢咬回家裡來。
6「母錢招財」這種方法最麻煩的地方就在於，要留下固定的七個硬幣，大小、數額不計，如果擔心不小心花掉，可以先用個小型膠袋包起來，以免弄混。或者是去買中間有孔的古幣，七個一組用紅線串起來也行。這邊我們徒取其形，不用硬要買真貨。

本文作者為研習五術的七年級自由撰稿人

漂亮家居 MY HOME Club 開幕

12期深度閱讀・滿足居家生活美學的全方位需求
再送 WEDGWOOD 骨瓷杯組

2004/10/31前，加入漂亮家居「My Home Club」，首次入會只要預繳2000元，平均每天只要花費5.48元，就能擁有12期漂亮家居家族雜誌、獨享會員生日當月禮服務、會員紅利績點贈品回饋等10項會員專屬優惠權益。慶祝俱樂部開幕，我們破天荒大手筆，入會就送WEDGWOOD 2004新品「nature」杯組，邀您一同品味低調奢華的生活氛圍。立即加入，再送歐式田園風置物藤籃，帶您走入悠閒雅致的抒放情懷。

※會員權益、更多資訊洽詢專線 02-2500-7578分機3302 巫小姐

入會方案1 預繳2000元 內含
= WEDGWOOD 單品茶杯組 市價870元
+漂亮家居雜誌或La Vie雜誌12期 市價1788元起
+My Home Club會員10項優惠權益+藤籃 市價760元
WEDGWOOD單品茶杯組=nature茶杯組＋野林漿果茶

入會方案2 預繳2400元 內含
= WEDGWOOD Espresso對杯 市價1360元
+漂亮家居雜誌或La Vie雜誌12期 市價1788元起
+My Home Club會員10項優惠權益+藤籃 市價760元
WEDGWOOD Espresso對杯=Espresso對杯＋雙盤

10／31前立即訂閱禮
歐式田園風置物藤籃 市價760元
以紙藤手工編製而成，長30cm×寬28cm×高30cm，容量適中，雅致實用。

續訂戶再享優惠：
只要是PC home集團訂戶，再加送2期。

贈品WEDGWOOD 茶杯組示意圖

贈品WEDGWOOD Espresso對杯小意圖

WEDGWOOD

漂亮家居家族信用卡專用訂閱證

網路與書

YES！我要訂閱

方案1 送WEDGWOOD單品茶杯組+藤籃
□漂亮家居12期　　□限時寄書2000元　　□限掛寄書2240元
□La Vie 12期　　　□限時寄書2000元　　□限掛寄書2240元

方案2 送WEDGWOOD Espresso對杯+藤籃
□漂亮家居12期　　□限時寄書2400元　　□限掛寄書2640元
□La Vie 12期　　　□限時寄書2400元　　□限掛寄書2640元

□我是PC home集團訂戶，請再加送2期。

優惠截止日期93/10/31日前有效

我是□新訂戶　□續訂戶，訂戶編號：_____
起訂年月：____年____月起，□續訂戶請接續期數。
收件人姓名：_____　身份字號：_____
生日：西元____年____月　性別：□男　□女
聯絡電話：(O)_____　(H)_____
手機：_____　E-mail：_____
收件地址：□□□_____
我選擇以信用卡付款：□VISA □MASTER □JCB　有效日期：西元____年____月
訂閱總金額：_____　持卡人簽名：_____（請與信用卡上簽名一致）
信用卡卡號：_____

・詳細填妥後傳真或郵寄，您將會在寄出三週後收到發票，本公司保留接受訂單與否的權利。・如需開立三聯式發票請另註明統一編號、抬頭。
・24小時傳真熱線：(02)2517-0999、(02)2517-9666【如需確認，請於傳真24小時後的上班時間來電確認】・免付費客服專線：0800-020-299【星期一～五9:30AM～5:00PM免付費讀者服務專線：0800-020-299】

請影印放大傳真

Part 5
有關命運的創作

命運影像

攝影—張照堂、謝春德、何經泰、劉振祥

浩浩陰陽移，年命如朝露；
人生忽如寄，壽無金石固。

《古詩十九首》

攝影—張照堂

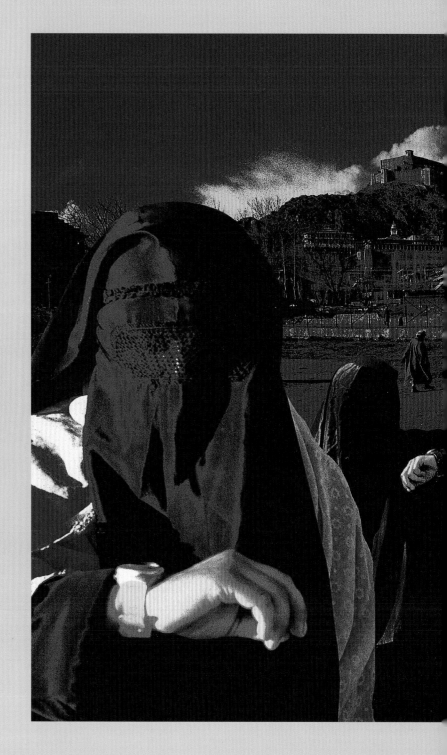

我們要歡笑我們必須歌唱，
我們為所有萬有賜福保祐，
所有萬有眼所能及盡皆有福。

《葉慈詩選》‧洪範

攝影－謝春德

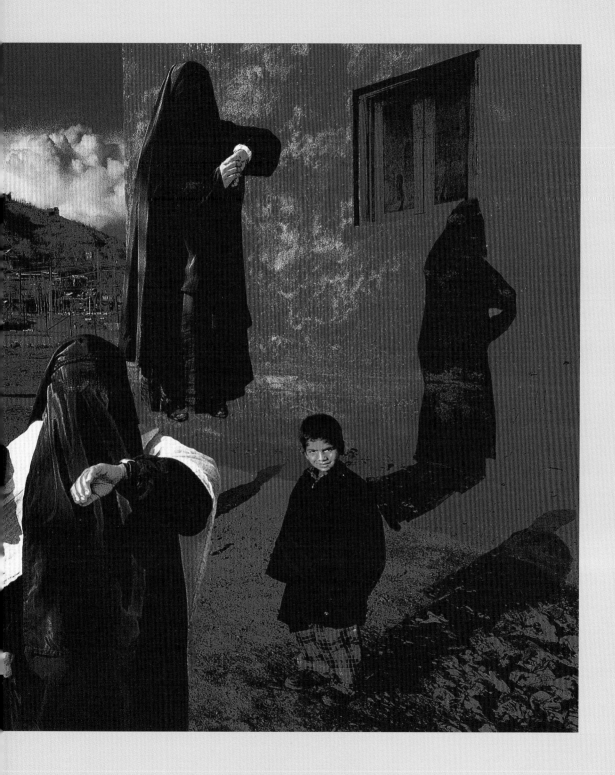

我親眼看到，在民眾的困惑中，
對自己的命運感到驚愕的人，
如何像求助於任何迷信那樣，
在天上尋找他們災難的緣由和徵兆。

《蒙田隨筆》，台灣商務

攝影—何經泰

巾偏扇墜藤床滑，覺來幽夢無人說。
此生飄蕩何時歇。
家在西南，長作東南別。

〈醉落魄〉蘇東坡

攝影—劉振祥

命運三帖

文—張大春

多年來我自凡入廟宇，一定先找善書來看，看善書找故事，是我得自父親的庭訓之一。他說：善書裡的故事千奇百怪，雖說俗套居其大半，但是多有可以發見古代庶民生活內容的細節。一般善書裡關於命運的故事特別多，讀者可以不必嫌厭那教訓之陳腔濫調——教訓本來就可以看做是續貂之狗尾，用我父親的話說：「倘使你不信那教訓，教訓於你何有哉？」底下這故事，是我父親從不知哪一本善書上看來的。

松陵浦有個名叫李正的漁夫，住在一個很偏僻的小港灣裡。一天傍晚，他捕了些魚，買了點兒酒，一個人喝了起來。不多一會兒工夫，有條影子晃過門外。李正斜裡睇了眼，問道：「有客，打哪兒來啊？」

那人說：「我不是陽世間的人，是個鬼，死在這條溪裡很多年了。看你一人獨酌，酒蟲兒鬧祟上來，想討一杯吃。」

李正笑道：「想喝酒，何必衹限一杯呢？你就坐下來，盡量地喝罷。」

　　水鬼於是坐下來和他對飲。一人一鬼，相視無言，居然喝過了大半夜，還真把一壺酒給喝完了。鬼起身告辭，李正當然也不方便留客了。

　　此後，這水鬼經常與李正來往，過了差不多個把月。每回水鬼來，就自往客位上一坐，與李正對飲數刻，酒喝完，鬼便走。忽然有這麼一天，水鬼對李正說：「明天，代替我的人就要來了。」

　　李正問：「是什麼人？」

　　水鬼答說：「是個駕船的。」

　　第二天，李正在河邊等著，果然有個人駕著船來了，可卻沒有任何變故。到晚上李正備了酒，見先前那水鬼又來了，李正遂問道：「怎麼沒讓他代了你呢？」

　　水鬼嘆了口氣道：「那個人小的時候父母就死了，他要撫養他的小弟弟。我若是把他害死了，他弟弟也活不成了，所以，就算了罷。」

　　又過了半個月，水鬼又說替代他的人來了。果然有個人到岸邊來，可這人走來走去，轉了幾圈

又走了。李正又問那水鬼：為什麼不取這人作替身呢？

鬼說：「這人堂上還有老母無人依靠，我怎麼能害他呢？」

李正點點頭，道：「如此善念，兄台決計不會長久流落在陰間的。」

過幾天，水鬼喜孜孜地對他說：「明天有個婦人來替我，這一回，我是非要投胎去不可的了。今番，是特地來拜別的。」

到了第二天晚上，李正看見一個婦人站在岸邊，逡巡顧盼，時而涉水幾步，看似幾次想投身入河，結果又上岸走了。

不多時，水鬼又來討酒喝，李正詫異十分，問道：「這一回怎麼又放她去了呢？」

水鬼道：「老天爺有好生之德，這婦人剛懷了孩子，如果害了她，就弄死兩條性命了。我是個男人，淹死在這水邊上這麼多年，還找不到一條生路，何況她還帶著孩子呢？即便是讓我的魂魄消散在水裡，我也決計不忍心做這樣的事。」說話間，淚水流了下來。

不消說：漁夫李正又招待這水鬼喝了一夜悶酒。又過了兩天，光景忽然不一樣了，水鬼穿著大紅袍，戴著官帽，腰纏玉帶，領了一大群喳喳呼呼的隨扈，來與李正告別，道：「老天爺憐恤我心存一點慈愛，下詔封我做這裡的土地神，日後領取些個血食，倒是可以回請老兄你了。」說完，一揖而去。

故事的結局是我父親最喜歡的那種結局，「從此以後，松陵浦的漁夫李正可好了——想喝酒，土地爺就派幾個鬼隨扈給送酒來，他再也用不著花錢打酒喝了。你說他這命有多麼好？」

二帖

在進入下一個故事之前，得先介紹倆字——一個「魖」字，一個「魊」字。

在宋人葉冚時（寅庵）所著的《清江瑣記·記鬼》裡曾經敘述過：「鬼役有差等，其領袖曰魖，其次曰魊，以次魓、魒、魌、魍之屬，下轄魖、魊，逡巡於陰陽之間，導引生魂，以登三塗

六道。」

不祇是宋代人，清代的錢泳《履園叢話卷二十五·雜記補·魑魅》也說：「魑魅有異能，如諦聽，多聞人語，不失遐邇方圓，遂導竅陰陽，出入生死，詳考來歷，明辨歸依；其事甚卑、其役甚勞、其功甚不足論，而其為德者大矣！」

錢泳在解釋「魑魅」這種鬼物的身分的時候還說過一個故事：

在江蘇太倉劉家河，有個天妃宮，建於明朝永樂初年。到了清朝道光年間（也就是錢泳自己已經七十多歲上）掌管天妃宮香火的是個老和尚。一天，老和尚從外面回來，發現鍋裡煮著兩個蛋，快要熟了。急忙問小沙彌：蛋是從哪兒弄來的？小沙彌應道：「我從院中樹上的鸛巢裡掏來的。」老和尚立刻命小沙彌把蛋放回鸛巢。小沙彌回嘴說：「蛋都快熟了，放回去還有什麼用？」老和尚哀憫道：「為師的並不指望蛋裡頭還能有生命，祇是盼望母鸛不要太悲傷而已。」

幾天之後，鸛巢忽然出現兩隻小鸛，老和尚很驚訝，連忙讓小沙彌把鸛巢取下來一看，果然是原先那兩個蛋孵化的。巢中還有一根一尺多長的小木棒，上面交錯著五色花紋，香氣四溢。小沙彌於是就把這根香木供於佛前，日日禮拜。

不數年之後，有個日本人叫近衛十三郎的來中國朝貢，船行遇到颶風，停泊在劉家河。這位意外的旅客既然行不得也，就踅進廟裡，燒了幾炷香。拈香之時發現了這根香木。近衛十三郎的臉上忽然露出了極為驚詫的表情，連忙問值多少錢。

老和尚搪塞道：「這是三寶太監鄭和捐獻的，怎麼敢賣錢呢？倒是——」老和尚轉念一想，靈光一閃，接著道：「如果有人能幫忙興建後殿的地藏殿，這香木就送給他。」

近衛十三郎急道：「我等不了那麼久，就出錢吧。」於是放下五百兩銀子，把香木拿走了。

五百兩銀子，的確可以建一座小小的佛殿了，和尚所願既遂，別無可求，從此誦經禮佛如故。

又過了幾年，講述這個故事的錢泳已經快要八十歲了，一日來到廟中閒坐，忽然看見一個穿著頂戴著異國衣冠的老人，身邊左右各站著一個穿著中原衣裝的侍從。看樣子，老人是外地來的，道經此地，大約是看院落清靜，進來歇歇腳，在院中樹下無事閒坐。兩人不約而同地互揖為禮，便攀談起來。原來這異國之人正是近衛十三郎，此番來到天妃宮，是想再拜見拜見那位老和尚，可惜老和尚已經圓寂了。

倒是原先那個小沙彌還在，已經是個可以應對執事的年輕和尚了，當著錢泳的面，年輕和尚脫口問那近衛十三郎道：「幾年之前，檀越帶回去的那根香木，究竟是甚麼寶物？」

近衛十三郎驚嘆著說：「那是根仙木呀！燒了它可以使靈魂還體，有起死回生之效，就是相傳

聚窟州出產的那種『還魂香』。」錢泳並不明瞭前情，攀問之下，年輕和尚同近衛十三郎將之前煮鸙鳥蛋、捐香火錢的事你一言、我一語地補說明白，錢泳卻接嘴道：「既是『還魂香』，何不放在老和尚靈前一用，看這香木如何靈驗呢？」

近衛十三郎聞言嘆了一口氣，道：「煮熱的鸙鳥蛋能夠孵化，事理甚奇，未必能以神蹟視之。可是我能渡海而來，重遊舊地，已經是仙木有靈的驗證了！」

話才說完，樹下那兩個侍從立即向錢泳躬身行了一禮，又向年輕的和尚合十一揖，再衝近衛十三郎一攤手掌，示意該起身離去了，錢泳才看見：倆侍從的手掌心兒裡各有一個「魃」字和「尥」字。

這一魃一尥同時對錢泳道：「我等來得魯莽，尚祈老師爺海涵！」言迄，連同近衛十三郎皆渺然不見。樹下石桌之上，好端端放置著那一根「還魂香」。看樣子，老和尚沒能用上那根還魂香是命不好，近衛十三郎算是用上了，也不過比死而不能復生之人多旅遊了一趟。論較之下，還是樹上那兩隻雛鸙受用了牠們的命運。

三帖

有些語言，用一用就死了，大抵說來，這些死得快的語詞、語句之所以早夭、天不永年，都是因為這語詞、語句所代表的意義被人厭棄。比方說我們讀古書偶爾還會讀到「咄咄書空」這樣一個詞，它源出於《世說新語・黜免》，本指中軍殷浩被廢，終日臨空作書，唯作「咄咄怪事」四字，於是引用的把「咄咄」和「書空」連起來，就成了自嘆無奈的意思。我敢斷言：這個詞遲早是要死的。即便是現在，這四字成語就算還沒死，也去了大半條命。為甚麼呢？不是今人沒有感傷無奈的情緒，而是感傷無奈不會用向空寫字來表達——這個成語之所以過時，其實是它最表層的意義消失了；今天的人大抵不寫字了。

「時醫」，也是這樣一個語詞。今天有任何醫事糾紛，醫生永遠是對的。怎麼可能有一種人永遠是對的呢？我想這跟絕大部分的人對某一個專業沒有檢驗或監督的知識有關。病家死活沒有本事對付疾病、也沒有能力瞭解診治那疾病的人，就不會徹底質疑醫生的權威，甚至不敢不信仰醫生的權威。

在這種時代，就不會有所謂「時醫」這樣的詞，這樣的觀念。

「時醫」，時運影響業途的醫生。

浙江嘉興縣西南有個橋李郡的醫生姓吳，人稱吳大夫。吳大夫自己業醫，家裡還開著藥鋪。有一回縣太爺的女兒感冒，請吳大夫診視，用了一味防風散。防風是藥草名，有美麗的羽狀複葉，葉片修長，開白色的小花，根可以入藥，有鎮痛、祛痰之效。防風散也是極為平常的一味藥劑。

縣太爺的千金服用了吳大夫的防風散之後，居然一命嗚呼，縣太爺二話不說，著即派人拿問。好在縣衙裡有吳大夫素來熟識的書史，搶著派人先通知了，吳大夫聞風逃遁，到外省裡的岳父家避難去了。過了一年多，這一任縣令調遷他邑，他才敢攜眷回家來。

得以重新整理舊業，不是簡單的事，吳大夫的妻舅也隨同姊姊、姊夫一同回轉橋李，幫襯著要將醫局藥鋪重新開張。鄰里鄉黨在吳大夫出奔期間也覺得很不方便，醫家一旦回來了，慶幸日後問診方便，鄰里也都來慶賀，商訂某日集金募客，開宴招飲，大家慶慶團聚。

宴飲之夕，眾鄰里據案大嚼豪飲，忽然有叩門求痧子藥的。主人待客不得閒，遂囑咐小舅子說：「藥笥裡第幾格兒、第幾瓶兒，內盛紅色粉末者，便是痧子藥了。你去拿給人家罷。」那妻舅其實早就喝醉了，又是外省人，聽不明白吳大夫的囑咐、也懶得問，吳大夫說的是「藥笥」——也就是他隨身攜帶出入的藥囊，上下有隔層。可那妻舅聽成了「藥肆」——也就是隔壁的藥庫，茶几後頭再一尋，看見幾個紅瓶子，開來一看，還都是紅色的藥面兒，隨手就撤了一瓶，發付來人。

宴客既畢，吳大夫回頭一收拾，發現藥房几上有個瓶子，登時嚇得酒了一半，忙問他妻舅：「這瓶『信石』怎麼會在這兒呢？」那妻舅一聽是「信石」，酒也嚇醒了，還兀自辯賴：「姊夫說是痧子藥，怎麼這會兒又說是『信石』了呢。」原來信石是砒石（俗稱砒霜）的一種，成粉末狀，有劇毒，以信州所產者為最佳，故稱「信石」。

「來求藥的是個甚麼樣的人？」吳大夫問道。

那妻舅想了半天才想起來，答道：「看模樣像是個行伍中人，穿著軍裝，拿了十幾文錢，我就給了他兩、三錢的、兩三錢的——」「痧子藥」三字說不出口，「信石」二字更說不出口。

吳大夫聽罷嘆了口氣，道：「完了！我之不能得業者，恐怕也是命啊！明日一早，恐怕又要興大獄了，此身此家能否保全，我看都很難說呢！」此後，便祇有不斷地責怪小舅子。這做妻舅的祇好說：「還是趁夜逃走了罷——姊夫！一回生、二回熟不是？今番咱倆先走，留我姊姊在家聽風，要是一時沒甚麼緩急，興許也沒有大礙——這叫遠觀其變。」

無可如何，也祇能暫逃性命了。可這一回，鬧出來的事兒還不大一樣。原來病家是個權傾一方

的軍事長官——提督大人。提督大人要痧子藥幹嘛？原來俗稱的痧子，有好幾種病。中醫一般把中暑、霍亂這一類的急性病都叫痧子，明代陳實功《外科正宗·疔瘡》謂：「霍亂、絞腸痧及諸痰喘，並用薑湯磨服。」《醫宗金鑒·幼科雜病心法要訣·瘟瘢疹痧》云：「痧白疹紅如膚粟。」注云：「發於衛分則爲殺，衛主氣，故色白如膚粟也。」衛分，是中醫行裡的名詞，所謂「營在脈中，衛在脈外，營周不休，五十而復大會」。

衛，有表面的意思。我懂不到皮毛上，怕有人聽了故事被我給醫死，所以祇能用清人俞正爕的《癸巳類稿·持素脈篇》來做個小結：「衛氣者，初期胃氣之慓疾，而先行於四末分肉皮膚之間，而不休者也。」總而言之：這提督中夜起坐鬧肚子疼，而且腸胃攪動，如雷之鳴，四肢發軟，手腳端末之處不抓會癢，癢起來抓不著，提督自己判病，以爲是發了痧，得了那信石，一口服下，不料立刻大叫：「妙藥！妙藥！」連問此藥從何而來？夫人告以出處，提督說：「這非當世良醫不可！一定要引來署中一見。」

到了第二天，提督手下中軍參將親自登門，也是個堂堂的三品大員了，率領一標人馬來家，奉上袍服冠履，白銀五十兩，往請吳大夫。卻發現藥局和門診都扃門上鎖，往來請鄰居地保出面，折騰了大半天，吳大夫那老婆才肯出見，瑟瑟縮縮問明來意，知道提督大帥並沒有教吳大夫給活活醫死，而且還有宿疾痊癒之勢。這才悄悄請人上路去把丈夫和弟弟追回來。

閒碎不多說，單表這吳大夫見了提督之後，一番望聞問切，還是不知道人家吃信石怎麼非但不死，還有栩栩然的靈動生機？祇好勉強應付了一回，說大將軍中了虛寒，得用參苓桂附爲丸，慢慢調理，才得痊可。大將軍一高興，單憑這幾句話又賞了一百兩銀子。

可吳大夫畢竟是行裡人，得了賞錢不但不高興，反而愁眉深鎖，回家跟老婆說：「信石一服俱下，竟至於三錢，量大且急，居然還能治病？這眞是天下大奇之事，必無常理，而不可再哉！你我要保全首領，要不是再逃一次，就得好生琢磨琢磨他這病情！」

吳大夫的老婆說得好：「為甚麼不問問大將軍身邊的長隨呢？人家天天跟著大將軍出入，飲食起居，鉅細靡遺，你詳加追問，一定能知悉緣故的。」

　　過了一段時日，吳大夫成天價同那提督府裡大將軍的貼身當差廝混，又喝酒、又嫖窯子帶賭錢，終於問出一個首尾。原來早年提督是以卒伍起家，青壯時還戍守過邊陲不毛之地，冬天沒有裘衣可以禦寒，早晚遇冷便以酒漿發汗催暖。北地荒寒野處之地，也不會有甚麼陳年佳釀，酒家為了讓飲者發汗，感覺身體得酒而自暖，還有一種祕方，就是拿少許的砒粉入釀，這還有個名堂，叫「霜葉紅於二月花」，故名「紅霜酒」，霜者，砒霜也。

　　後來大將軍發達了，開府南方，再也沒喝過這種劣等藥酒了，反而落了個不時鬧暈眩的毛病。這一次夜半起坐，夢中腹痛如絞，也吵嚷著頭暈。眾長隨都說不上來是因為甚麼——難道要提督大人再回邊關去鎮守鎮守嗎？

　　吳大夫一聽倒會了意，先前說藥施以參苓桂附等滋補之劑，雖說仍沿其舊，但是有了這一層病史的理解，吳大夫另外用信石作引子，製成一種丸藥，史傳上的記載是：「終一料而體竟霍然，疾不復發。大將軍深感之。凡所轄四營八哨九十餘汛屬下將弁，無論男女有疾，必使延吳先生。」可吳大夫的醫術究竟如何？記載上說：他要是把人家的病看好了，大將軍必然有重賞；看不好，大將軍就說：「連吳大夫都看不好他，那這病家的命數是盡了！」

　　有了大將軍這張保命符，吳大夫非但再也不用逃命，還一日一日發達起來、闊綽起來。沒幾年，就起了大宅第。吳大夫自書門聯一對，語云：「運退防風殺命／時來信石活人」。世人號曰：「時醫」，意思就是時運一背，連防風都可以闖禍；時運一到，連死人都可以治活過來。

　　那是一個還有命運可言的時代。

本文作者為作家

遠不止此

一切似乎回到原點，即那一切畏慄不可知的，星盤之外的，渾沌人生。

文—駱以軍

有些時候我的書架上也會出現諸如《圖解不可思議的人體構造》、《鳥類學》、《變態心理學》、《常見外科處置手術》……這些與我的小說本業絕對無關，但卻又在從前某本小說部分章節進行過程中，像某些類似《家具組合DIY手冊》、《汽車修理DIY手冊》之工具書，被我買回來當作「理解、描述世界之知識輔助工具箱」。這些書本對於我基本上有一個意義：它們必然是某一項龐大嚴密的知識領域裡隨機取樣的一小塊磚頭，我可能畢餘生歲月也無法真正一窺其堂奧。但閱讀它們，絕對有一種偷窺癮之人面對一扇被各種鎖頭、鐵鍊、密碼鎖給纏繞的門，所難以言喻的「短暫、初期的快感」。

我覺得那很像初次涉獵某種你完全陌生的類型小說：武俠小說、推理小說、科幻小說……一開始所有的字句，所有的描述全像太空艙裡的扳手、咖啡杯、小盆栽、紙張全漂浮飛起，慢慢地，你抓到了某一套語言的文法，一種「原來它們是這樣描述世界」的入門密碼，突然之間，卡啦一聲，大門打開，你闖進了一個像艾可小說《傅科擺》裡那個聖堂武士祕教組織的世界。意義如地底沼澤植物氣根互相纏繞、互相援引、互為邏輯、互成隱喻。那是一個祕密花園。

對我來說，「紫微斗數」這門學問就是這樣的，介於「偽知識百科」、「某種類型小說言說去投影真實人生的固定式想像」以及某種面對「命運」、「一生」在圖紙表格中以其封閉邏輯和排列組合之仿星辰排列，這樣時間和空間的浩瀚想像，而竟敢預讖、竟敢「斷」的神祕主義式畏悚崇敬。

當紫微對上封神榜

就「偽知識百科」而言，以紫微斗數的廿八顆主星搭配六吉星、六煞星及其餘乙、丙、丁、戊級副星，它們各自的性格品器吉凶在各個坊間相書上（大部分以陳希夷之《諸星問答論》為引申）被嚴屬武斷地判下定義。譬如說，我年輕時初次和朋友迷上紫微斗數，那時一片懵懂，翻開相書，上面寫著我的命宮主星「廉貞」：「廉貞屬火、北斗、化次桃花，殺、囚星，為官祿主。為人身長體壯，眼露神光，眉毛中大吹，骨亦露。性硬、浮蕩、好忿爭。」看了

真是刺眼。

書上甚且將斗數星辰與封神演義的人物作對應：譬如紫微星是伯邑考（文王的長子），掌管尊貴與品格；天機星是姜子牙，掌管智慧和精神太陽星是比干，光明和博愛；武曲星是武王，掌管財富、武勇；天同星是文王，掌管融合、溫順；貪狼星是妲己，掌管慾望和物質──這部分真的很像卡爾維諾在《命運交織的城堡》中，以塔羅牌的七十八張牌的隨意交錯，以之為「一套建構故事的機制」，卡爾維諾說：「我被這個一組塔羅牌召喚所有可能故事的惡魔主義所蠱惑」，雖然他所召喚的故事語境皆蛻脫自莎士比亞的《哈姆雷特》、《馬克白》和《李爾王》，或是《浮士德》與《伊底帕斯》。而我們的紫微斗數背後編織的神仙故事，則是《封神榜》裡開國（同時亦是覆滅）傳奇中眾多神仙以魔術、神器械鬥且大量死傷的華麗慘烈場面──至於我的「廉貞」則是費仲（他是誰？書上寫著：紂王的奸臣），掌管歪曲、邪惡。

那真是讓人沮喪又心驚膽跳。天意所不願透露的一切，通過占卜而得以知悉，那背後有一套預先寫好的，一如《紅樓夢》中警幻仙子在「一切皆尚未發生之際」，預先將書中諸女子後來之命運以圖文猜謎《金陵十二釵正冊》、《金陵十二釵副冊》、詩讖，展列給睡夢中之寶玉看。所有記載的來日必定發生，所有預言的絕對無法逆反推翻。有一些金玉吉祥花團錦簇的句子看了自然令人暈暈然，譬如「廉貞申未宮無殺，富貴聲揚播遠名。」（雄宿朝元格，加殺平常）。或如我妻子「天梁太陽昌祿會，臚傳第一名。天梁文昌居廟旺，位至臺綱。」或如我見過的幾位朋友「貪武同行，晚景邊夷神服。」但有些慘酷不幸的句子，真是可怖：什麼「巨火擎羊，終身縊死」、「命裡逢空，不飄流即主疾苦」、「昌貪居命，粉骨碎屍」、「生逢天空，猶如半天折翅」、「命中遇劫，恰如浪裡行船」……萬一那些晦暗不祥的元素，降落在你自己的命盤上，那心中的陰慘愁沮，真的是後悔來碰這神祕窺孔。

斗數何能探測人心

當然紫微斗數遠比這複雜艱深數百千倍，且我僅是一業餘的翻玩坊間相命之書的九流術士！但年歲漸增，慢慢在這一套「渾天地動儀」般的內閉符號系統中，玩味體會出一些對人世，或者說對「時間」這玩意的感慨。

我後來與朋友相交（我朋友的圈子極窄，大部分皆是在文學這領域「混飯」的，不是創作者，就是出版人），總會冒犯地向他們討命盤來看，有趣的是，這些人在世俗辨識的層面，皆算已小有成就或小有名氣的人物，而攤開的命盤，格局面貌或各不同，但皆「有局有勢」，星斗布散或秀逸或雄奇。我總在翻看他們命盤的第一瞬驚豔嘆息：「啊，這是宋美齡的命。」「武貪不發少年人，來日大發別忘了提拔我。」「您是明珠出海格，千萬打消了辭去工作的念頭，不要糟蹋了上天給您的格局。」像科幻電影中調閱那些最昂貴最精心製作之機器人的電路設

計圖。我不止一次向那些以為我在甜言蜜語的不識紫微的傢伙解釋:「喂,老哥,你不要不識人間疾苦,你的命盤書上有載,叫『七殺朝斗格』,你真該去看看我從前那些人渣朋友們哩哩落落、歪七扭八的命盤。」

看到這些命盤總讓人心生嫉羨與感傷,如我一位深諳紫微之術的前輩曾說過一句耐人尋味的話:「中國紫微斗數,後面隱藏的是一套最世俗、勢利的價值觀。」君臣慶會、科祿權拱、財蔭夾印、日月並明,這樣輝煌照眼的「被手指著,華麗命名的一生」,與相對應的,那得不到天爵禮物的陰暗角落的:馬落空亡、財與囚仇、什麼「命衰限弱,嫩草遭霜」、什麼「孤獨剋六親,災禍常不歇」、「破相又勞心,乞丐填溝壑。」……問題是,斗數能在虛空中扳指推算出那些「貧病交迫」的藝術家們,生命裡某一個停格靜止,只有他們看見,無法換算成世俗幣值的,像核爆般無法言喻的豐饒至福時光嗎?(譬如梵谷、曹雪芹或杜斯妥也夫斯基的命盤?)斗數的探勘定位雷

達,真的能潛入人心那廣邈海底,繪錄下破軍之人、火鈴之人、地空地劫之人、天姚淫奔之人……這些災祟之人內心流動旋轉的闇黑圖景嗎?或者,斗數那結構森嚴、斗轉星移之十二宮位,再加入大限、小限、斗君、流年之行運,如相書所說:「星際組合是在一個立體的空間裡面」,那麼,作為感受主體的我們,該如何去確定,那已天羅地網寫在「設計圖」上的、惘惘的威脅,或朦朧將臨的慶吉祥,什麼時候才算「到位」?

每逢年終的心理會診

這些年我總在一年更換之際(除夕的前一天),和妻子去找一位算命老師「看一看」未來一年的運勢。事情肇始於三年前我父親在大陸旅遊時突然急性腦溢血,這個事故造成我的家庭乃至我個人創作生涯一個巨大的重創,接連著這些年皆處於一灰心喪志,茫然不知眼前路為何的低潮。事後才想起,父親出事那年年初,妻子和幾位學姊湊興跑去找這位先生算命盤,他當時曾說一

句:「今年切記,絕對不要讓妳夫家那邊的男性長輩出門。」這樣事後附會著實準得讓人發毛。

當然後來我會和妻子一道再去找這位先生詳看我的命盤,是因他同時看了妻子的夫妻宮說:「妳先生來日大貴,聲名遠播。」這兩句話對一個終日在孤寂之境與人心黯黑扭曲靈魂打交道的小說創作者來說,實是一遙遙時間盡頭,充滿委屈並幸福的祝福。我總是在一年之末,疲憊又忐忑地問他:「但是我這一年過得好衰又好辛苦,我將來真的、真的會是一個『不平凡的人』嗎?」他總是像個慈悲懂得直指病患妄念核心的心理醫生,低頭再看一眼我那張明晦流變、吉凶並置的紫微命盤,安定地說:「來日遠不止此。」

我總不好意思再追問:「遠不止此」的是什麼?是他說的那遙不可及的「貴」?還是這些年纏繞著我的諸多顛沛困苦?一切似乎回到原點,即那一切畏悚不可知的,星盤之外的,渾沌人生。 ■

本文作者為作家

機遇之歌
奇士勞斯基的命運三色

奇士勞斯基（Krzysztof Kieslowski）在1994年完成「三色」後驟然宣布退休，從他深愛的影壇謝幕，回到波蘭兩年後便離開人世。他別無選擇。當他拍完《紅色情深》（*Three Colours Trilogy: Red*），困坐在剪接檯前，像

電影裡那名退休的老法官坐在破舊的書案前竊聽隔壁鄰居的家庭風波，內心油然升起一股憐憫與罪咎。奇士勞斯基知道他再也無力剽竊別人的生命，據為己有，然後慢慢吐哺，藉影像觀照人間世事了。《紅色情深》如期完成，奇士勞斯基

看似各擁主題、各自獨立的紅藍白三部曲，電影的底蘊其實鋪排了錯綜複雜的命運伏流。

文—謝仁昌

《藍色情挑》　Corbis

再也沒有想做的事，除了從巴黎返回波蘭，再有就是死亡。

死亡早早便準備妥當，等在生命正在成形的前頭。一如《藍色情挑》（*Three Colours Trilogy: Blue*）中胎孕的嬰胚等待著出生後，接受一個無父的世界這個現實，這或許是奇士勞斯基特有的「樂觀的宿命論」，知命但不放棄生命。從他還在學校的第一部習作《電車》（*The Tram*）開始，這個命題便成為他的孿生兄弟，時時跟隨著他，對應著他，像《雙面薇若妮卡》（*The Double Life of Veronique*）中分別生活在波蘭和法國、素未謀面的兩個薇若妮卡，她們的命運隱隱約約彼此牽動著，她們知道地球另一邊的某一個地方，有人默默地把窗打開了，她們將眼光向外，同時看見月亮的蒼涼。

繼八○年代末現代版的《十誡》（*The Decalogue*）系列成功之後，奇士勞斯基將法國紅藍白三色旗所代表的自由、平等、博愛架構在人性化、隱私和個人的層面來討論，延伸其當代可能的意涵。九○年代初分別在法國、波蘭和瑞士完成三色系列的拍攝工作，之後進入後製階段，每年推出一部：《藍色情挑》（1992）、《白色情迷》（*Three Colours Trilogy: White*, 1993）和《紅色情深》（1994）。

看似各擁主題、各自獨立的紅藍白三部曲，電影的底蘊其實鋪排了錯綜複雜的命運伏流。佝僂的老嫗邁著碎步吃力地將玻璃瓶往垃圾箱裡投，她像一個遭人忽視的天使出現在主角生命轉彎的地方，對他們揮手，給他們暗示，指向一條通往未來的路，但不是人人都注意到了，雖然最後他們都在前往英倫的船難上逃過一劫。生命的莫可奈何也出現在《十誡》系列的《殺人影片》中，少年和律師失之交臂，他們生命的距離曾經如此靠近，卻不知道未來的某一天他們的命運會牢牢繫在一起，對於生命他們顯得那麼無能為力。

嫉妒激怒了她：《藍色情挑》

多日傍晚，一輛深藍色汽車轟然一聲迎面撞上一棵鄉間路樹，白色的塑膠汽球從車裡滾出來。茱麗從醫院裡醒來，神色哀戚，一夕間她子然一身，永遠失去她摯愛的丈夫和女兒。

電影的開始，茱麗失去了一切，彷彿自由了，但她的人生並非因此全盤皆空，記憶綑綁著她。她試圖仰藥自盡，滿口的藥丸在她嘴裡咬碎了又吐出來，她辦不到，她看見窗裡陌生的倒影，她死命抵抗著，還不打算接受親人離去的事實。

電影像上帝之眼盯著她，沒有絲毫憐憫，看她生命如何轉折，如何逃避人生的現實。她扔掉家裡所有的東西，找愛慕她的丈夫同事奧利維耶來占有她的身體，賣掉巴黎市郊他們住過的房子，隻身住進巴黎擁擠的市區，把自己藏起來，匿名在人群中。

無處不在的音樂把她找回來，她和死去的音樂家丈夫共譜的藍色樂章寫在空中，吐納之間眼淚便又落下來。直到無意間她在電視上看見關於他丈夫的報導，嫉妒激怒了她，連同她深信的世界也背叛了她，她發現丈夫生前竟然另結新歡，對方並懷了他的孩子。她很快就原諒了丈夫的情婦，像

家人般接納了對方肚子裡的孩子，並讓那對母子繼承巴黎市郊的房子和丈夫的姓氏。直到那一刻，她才深刻體會到她是如此愛著丈夫，她終於卸下她存活下來的一切束縛，真正的自由終於來到。

奇士勞斯基在《殺人影片》中討論法律和自由之間的關係，不管遵守或違反，人類應當都是自由的，然而一旦法律意在傷害罪犯，而非預防犯罪時，懲罰便成了一種對人類的報復。《藍色情挑》回到人類更私密的領域來談自由，那失而復得的自由來自對生命重新燃起的希望，人不應該放棄對未來的試探。只有學習接受，雖然命運的決定權不是全然掌握在自己手上，人終究不能拒絕一切，雖然人生總是遲了一步。

比別人更平等：《白色情迷》

「『每個人都想要比別人更平等。』波蘭有一句諺語這麼說。它顯示了平等的不可能性，平等與人性是相互矛盾的，因此共產主義失敗了。但它是一個漂亮的字眼，每個努力都指向平等這一目標，它一直都存在我們的信念裡，儘管我們都無法達到。」奇士勞斯基接受法國雜誌《Telerama !》訪問時如是說，這也是《白色情迷》劈頭就問的母題：愛情可以是平等的嗎？

波蘭籍的美髮師卡洛因為性無能，未能履行正常的婚姻關係，法籍妻子多明妮克向法院訴請離婚。卡洛身在異鄉受盡委曲，尊嚴遭到踐踏，他失去了一切。他在巴黎地鐵以梳子演奏三〇年代的波蘭音樂〈最後的週日，明天我們將道別〉，因而認識了波蘭同鄉，一貧如洗的卡洛央求同鄉帶他回華沙，他鑽進同鄉的行李箱，隨著飛機飛回了家。

卡洛一心只想報復，找回平等。他放棄美髮師的工作，開始炒地皮，從事國際貿易，轉瞬間，他成為一名富豪，人人眼中所謂有用的人。他佯裝猝死，誘騙妻子多明妮克回來參加他的葬禮，並繼承大筆遺產。多明妮克在他的葬禮上哭了，隨後，波蘭警方以詐取金錢為由將她逮捕入獄，一切都在卡洛步步為營的復仇計畫中，但不知不覺中卡洛也掉入

他為妻子所設下的陷阱，因為他們彼此還喜歡著對方。

愛情可以是平等的嗎？奇士勞斯基仍然相信那句波蘭諺語。卡洛的報復行動充其量只是為他找回了公道，受制於他對妻子的愛，究竟他還是沒有「更平等」，但愛解救了一切。上帝跟他們開了一個玩笑，兜了一個大圈子，兩人的命運糾葛纏繞，最終以快樂收場，但時過境遷，人生的體驗畢竟不一樣了。

機遇或者命定：《紅色情深》

自1981年拍攝的《機遇之歌》（Blind Chance）開始，奇士勞斯基描繪的對象不再是外在的世界，而是內在的世界，故事敘述的是那些會干預我們命運，把我們往這個方向或那個方向推的力量。奇士勞斯基說每天我們都會遇上一個可以結束我們整個生命的選擇，而我們卻渾然不覺。我們從來不知道命運是什麼，也不知道未來有什麼樣的機遇在等著我們。機遇或者命定，奇士勞斯基將生命推向核心地帶，步上探索命運的旅程，《紅色情深》

《白色情迷》

Corbis

便是這個旅程的終點。

　　住在日內瓦的年輕模兒範倫婷娜開車撞傷了一條狗，她依項圈的地址找到狗的主人，一名退休的老法官，他竊聽鄰居的電話交談。她對老法官的行為極不齒，但被老法官過往的故事所吸引。老法官年輕時因為女友的背叛，對人產生極度的不信任，因為範倫婷娜的出現讓他重拾信心，他們因而展開一段友誼。

　　範倫婷娜的鄰居奧古斯特剛通過法官考試，他的女友雙腿間夾著另一個男人，他像四十年前的老法官遭遇莫名的背叛。電影結束在從法國開往英國的船難上，不期然地，茱麗、奧利維耶、卡洛、多明妮克、範倫婷娜和奧古斯特都聚攏在這條船上，他們都逃過這場劫難，他們的餘生會從這裡相互交揉嗎？

　　電影最後一個畫面停在範倫婷娜獲救後步出船艙，迷惘的眼神望向遠方，這畫面分毫不差，恰巧是範倫婷娜不久前為口香糖拍攝的平面廣告。這是機遇或者命定？奧古斯特重複老法官四十年前的命運，我們只是按照上帝寫好的劇本演出？奇士勞斯基一問：再問我們可以修正錯誤的命運嗎？人有時候會不會生錯時代？這是奇士勞斯基的迷惘，所以他決定退出影壇，他的心臟無力承受這巨大的人類命題，也無法像攝影機攀爬在家家戶戶的窗口袖手旁觀。

　　當奇士勞斯基還是孩提的時候，他從空氣中充溢的血腥味推斷遠方戰場的殺戮是否嚴重，並判斷還要多長的時間波蘭將被捲入這場災難。奇士勞斯基從小就樂於扮演電影的巫師，他剽竊別人的生命，將現實的角色放在電影裡演練，給他們血肉，給他們內心的旅程，給他們選擇的機會，帶他們走向該去的地方。

　　奇士勞斯基將自己的角色也寫進劇本裡，預言著他未來的命運。奇士勞斯基1996年在波蘭的心臟手術中一覺不醒，在他死前四個星期曾與作家霍夫曼（Eva Hoffman）晤面，奇士勞斯基跟她提到：「我要努力地活著，近來持續的心臟病癥彷彿給我預警，好像《雙面薇若妮卡》中波蘭的唱詩班女伶在歌曲的高峰處倒地，她突然心臟病發死了。」世界上沒有什麼比戲劇還虛假，也沒什麼比戲劇還真實的了，奇士勞斯基堅持了五十四年才鬆手，將自己的生命交回給上帝。他別無選擇。∎

本文作者為電影兼出版工作者

音樂、神祕學與命運

當每個人將他獨自的聲音丟向一個完美的和聲時,便唱出了生活。

文—粘利文

「如果我閉上了眼睛，在這多麼巨大的宇宙洪流之中，我並不存在。」

法國哲學家巴斯卡（Blaise Pascal）在《冥思錄》（Pensees）中如此說道。然而幾世紀以來，人們卻又渴望著能充滿力量，知曉自己的命運。爲探求奧祕的生存之道，其實也有一種唯美的浪漫方式，那就是聆聽音樂。讓音樂昇華內心，心靈的力量無遠弗屆，相信的那刻，一切便是存在，個人的意志左右了自己的命運，魔法於焉而生。音樂做爲物理界一種能量本質，亙古以來就與人們追求美好的生存意志並存。以下便由古今的例子，談及音樂與神祕學的關係。

猶太教時期：天堂之音

猶太世俗音樂（Secular Music）中，音樂與信仰結合密切，至今許多齋戒儀式也伴隨著一定的音樂。公元一世紀有位猶太哲人斐洛（Philo Judaeus，約15B.C.~50A.D.），他是亞歷山大（Alexandria）地區的猶太社區領袖，且終極一生追求解釋柏拉圖與亞里斯多德的哲學。他的一些研究影響了後來的猶太與伊斯蘭學者。

斐洛在作品中將美麗的音樂，視爲達到至聖天堂般的路徑：

對於鳥兒來說，特別是鴿子，整座天堂是平均地被切割爲旋轉的行星與定位的星辰。因此鴿子被指派爲馴服且朝磁極中心飛去的鳥兒。所有和諧的旋律皆是透過智慧運作下由動物的聲音與活著的物體而來。然而這天堂的吟唱並不會超出造物主的地球，如同太陽的光束也是，因爲祂對於人類種族的特別眷顧。因此這天堂的吟唱震聾了聽得到它的人，並製造出靈魂中無法描述與無法限制的歡愉。這天堂的吟唱使得聽者無視於食物和水，由於對這歌曲的饑渴而死於至極的死亡。

古典時期：宇宙的和聲

普羅提諾斯（Plotinus，205~270）是早期的天主教作家，在由他的徒弟Porphyry所收集的作品《The Six Enneads》中，普羅提諾斯將音樂的用途做爲一種隱喻，但也僅限於此。他對於音樂占星術與數字學不感興趣，屬於新柏拉圖學派中的最後一個畢達哥拉斯派學者。在當時這派學者中，對於音樂與神祕之間的關係，他們的解讀爲「音樂是宇宙的和聲」：

因此靈魂，進入了這宇宙的戲劇之中，使自己成爲劇本的一部分，將它的個性發揮到最佳或最低……。

宇宙中所有的都是公平與完美的。這之中每個演員都有它獨自適合之處，儘管這地方將全然被黑暗吞沒，或是在地獄中的這些震驚聲響也將吞噬它。

這宇宙是善的，並非因爲個體是一顆石，而當每個人將他獨自的聲音丟向一個完美的和聲時，便唱出了生活——薄弱，匆促，不完善的，雖然生活即如此。潘神的簫並非只吐露出一個純潔

的音符，那裡有種微薄但明顯的聲響將它調和成潘神之簫音樂中的和諧：這和諧是由各樣音層組合而成，所有的聲音都不盡相同，但結果皆形成一種聲響。

黃金黎明：
每個人都是死去的星星

命運是什麼？

每個人都曾是天上一顆死去的星星，每個人的今世因此仍與星辰有不可解之緣。為了要成為天上最閃亮的那顆星，我們因此瘋狂地舞著。

占星術（Astrology）起源於三千年前的古巴比倫地區。自古以來人們就發現，宇宙天體的星相與地球上的生命，有著某種關聯。占星家們與古老的祭司根據天上星辰，研究星宮命盤上的星象分布圖，來預測人的命運。占星原來的目的是用來預測君王與國家的運勢，後來希臘人把一般的平民百姓也包括進去，擴大了占星術的適用範圍，成為一種廣受歡迎的玄學。

占星術認為人出生時的太陽、月亮及行星在天空的位置，決定了這個人一生的命運。根據出生時這些天體的位置，可以為個人建構出一幅天宮圖，用來推斷這個人的個性及命運，預言此人每日的運勢。

羅馬哲學家布魯諾（Giordano Bruno，1548～1600）認為宇宙是無止盡的，其中包含了無窮的世界。布魯諾因為這個學說，在當時被視為異教分子而被燒死在十字架上。他留下一首詩，詩中透露出以神祕之名，召集信仰者的祕密教派，為神祕學對十九世紀英國倫敦黃金黎明教派的影響，以及六○年代美國舊金山的撒旦教大肆盛行作了預言。

您離開了您的房間
並且這野獸隨後跟隨而來；
是您的努力在迫切追求它嗎？
您和您同質的伴侶
創造了這野獸

十九世紀在英國倫敦主張神祕占星學與黑魔法的黃金黎明教派（The Golden Dawn），教主克羅利（Aleister Crowley）以一本符號式的占星書《Geomancy Book》，風靡了當時倫敦的知識分子，包括詩人葉慈也是黃金黎明的信徒。風流的克羅利除了寫過二十六本小說外，他在義大利西西里島上舉行無數的魔法儀式，召喚聖經裡的獸（The Beast）降臨。而由他的奧地利愛人蕾拉（Laylah）所演奏的小提琴與克羅利作曲的音樂，則是魔法儀式中能量的來源。

撒旦教：
每個人心中都住了惡魔

由拉斐（Anton Szandor LaVey）主持的撒旦教派（Satanism），大本營坐落於美國洛杉磯。創立於六○年代的撒旦教，雖然也介入了黑魔術、祈求黑暗的力量，但所有的祭壇儀式都是公開的，教義主張善惡二元論，拉斐說過：「每個人心中其實都住了個惡魔。」而要如何與惡魔共生共存是很重要的。撒旦教還講人與人之間的關係與對待。譬如遇到敵

人你應該鄭重地感謝他，因為他會激發你更強的求生意志。以及，所謂「精神吸血鬼」（Psychic Vampire），也就是那些會讓你無怨無悔為他做事、無條件為他付出的人，其實正在吸取一個人身上的靈魂能量。

該教認為屬於撒旦的音樂，要屬六〇年代美國流行的口香糖樂曲。這種容易入耳的流行曲調，簡單重複的節奏，人人琅琅上口，其實背後有著等同催眠的力量，歌詞與音樂會不斷在腦海裡重複，於是開始影響年輕人的行為。

魯涅魔術的優雅吟誦

北歐的魯涅魔術（Runes Magic）相信書寫一些特定的北歐文字符號，就能夠運用這些文字本身帶有的魔法力量。而魯涅魔術中有一項很重要的魔法，叫做魯涅吟唱（Runic Chant），藉由吟唱這些符號，能夠掌控空氣、水、土、火、石等大地元素。英國研究魯涅魔術的專家雅絲雯（Freya Aswynn），自己本身也是一位擅長魯涅吟唱的樂人。

印度曼塔的七個共鳴中心

繼巴哈、莫札特以降，在德國被演奏最多次的德國現代音樂作曲家是史托可豪森（Karlheinz Stockhausen）。在他的晚期音樂作品中，開始採用印度的曼塔（Mantra）譜出鋼琴曲。曼塔是印度的一種信仰，認為音樂帶有神祕力量，每個人的身內有七個共鳴中心，當這七個中心達到和諧一致的共鳴時，人們可以享受最美好的靈性洗禮。史托可豪森形容，這境界就像是在一片漆黑的宇宙中，點起了一圈溫暖的小燈，而我們每一個人都是這圓圈中的一盞燈。音樂在吟唱時能傳達咒語能量，不管是印度的曼塔信仰，或是西藏的六字咒語Hon、Mi、La、Ga、Yi、Go，在某些層次上來說，都是相同的方式。

小宇宙是靠心靈燃燒的

如果說音樂的神祕，決定了些什麼，那意志力與個人的能量，絕對是操縱了命運最偉大的關鍵。詩人艾略特（T. S. Eliot）在《荒原‧四首四重奏》中以精練詩句說道：「女占卜，妳要什麼？我想要死。」再偉人的預言家，也只能從生與死兩個端點捻出一條線，然而在這之間，要如何走下去？

我們相信，藉由音樂審美，無論是怪異的異端美學浸透或是神聖的洗滌，做為一種能量傳遞，增強個人意志的力量，是這個世紀目前為止最有效的生存救濟法則。我們當然無法像法國哲學家喬治‧巴塔耶（George Bataille）般，對於自體的存在回以一抹徹底漠視的微笑，能夠對著蕁麻笑，對著棺材笑，最後對著排泄的尿液笑。面對生命的無常與個體生命的渺小，於是我們開始對自身憐憫，相信只有自己的力量。但這其實才是真正的虛無，一種缺席的神祕。　■

本文作者為藝術家／作家

推理與
占卜
理性的核心與超越

傳統推理小說有四項要件，第一項就是，發端要神祕。詛咒、預言、星座、巫術等常為此神祕的發端扮演最佳的

文—藍霄 攝影—徐欽敏

推理小說系列72
惡魔的手毬歌
橫溝正史 著 林敏生 譯

● 書生偵探金田一耕助的探案

糖烟凉

標商冊註

　　推理小說與占卜的本質幾乎可說是分據天平的兩端，一邊重視邏輯、理性，講究合理的解釋。占卜被歸諸於超越人類智慧的玄學範疇，在科學與迷信間擺盪。前者宛如一幅織錦圖，乍看眼光撩亂，但繁複中必定有其次序和脈絡可尋。這是理性之美。後者則直接超越人類理性的範疇，直指終端的真相，至於推演出結果的過程與方法為何，通常並非焦點。這是超越理性之美。

神祕的發端

　　推理小說與占卜看似差距極遠的兩檔事，但推理小說裡卻經常出現超乎理性，看似不可思議的情節。因為傳統推理小說有四項要件，而第一項就是，發端要神祕。

　　詛咒、預言、星座、巫術等常為此神祕的發端扮演最佳的角色。風格陰鬱淒美的橫溝正史作品裡，多處以古老傳說的詛咒拉開慘劇的序幕，好比《八墓村》和《惡魔的手毬歌》。高木彬光的《魔咒之家》裡，發生悲劇的家族籠罩在詛咒的陰影之下。安東尼·鮑查

的《九九神咒》出現了預言與異教信仰；卻斯特頓《布朗神父的醜聞》一書中的〈魔法之書〉講的是詛咒；《歪曲的樞紐》處理到巫術；尚未集結成書的傑克·福翠爾的「思考機器探案」中的〈水晶球〉，兇手利用水晶球占卜進行預謀殺人。京極夏彥《魍魎之匣》和《姑獲鳥的夏天》裡，扮演偵探角色的京極堂除了是舊書店老闆之外，還是個陰陽師，白天宛如芥川龍之介那樣端坐在舊書堆裡，晚上則出外除魅。

　　台灣作家既晴《魔法妄想症》背景設在魔法神祕的氣氛裡。推理漫畫《金田一少年殺人事件簿》的「塔羅山莊殺人事件」裡，塔羅牌在兇手設謎與偵探的解明部分（「解明」為推理小說專有名詞，意為「解開謎團讓真相明朗」），扮演重要角色。日劇《圈套》裡，屢屢出現水晶球占卜、預言、詛咒的劇情。

　　中國古代的筆記小說或公案裡，也經常有以夢境或占卜來幫助斷案的故事。宋代《折獄龜鑑》的〈符融占夢〉篇，符融以殺妻嫌疑犯的夢境，輔

以《易經》的解釋來推斷出真相與犯人的名字。《夷堅志》的〈新建信屠〉一文中，某殺人案久久未破，只好求諸紫姑神，得到暗示犯人身分的詩籤，解出詩籤後才逼得犯人俯首認罪。而台灣1989年10月份的《推理雜誌》也曾以「占卜推理」為特輯，作過與占卜有關的小說選載。

占星師VS.偵探

不過，在這麼多作品裡，不可不提的是日本作家島田莊司以御手洗潔為偵探的一系列作品。在這類以占卜相關推理玄奇事件中，《占星術殺人魔法》可說是最為光芒萬丈的傑作，因為作家島田莊司除了是日本新本格推理的掌旗手之外，本人還是個著名的占星師。1980年島田莊司就是以這本《占星術殺人魔法》堂堂登場，進入文壇。雖然這部小說在當時日本推理文壇的氛圍下，僅僅獲得第二十六屆江戶川亂步賞（日本推理小說年度長篇徵文的「奧斯卡」獎項）決選入圍，但是這部作品卻是日本新本格推理發展的里程

碑，八○年代後期，綾辻行人、法月綸太郎、歌野晶午，以及我孫子武丸四位新秀作家，在島田的舉薦下登場，掀起「新本格浪潮」，直至今日，新本格浪潮持續蔓燒，徹底改變了日本推理的走向。不管從歷史地位、影響，或者是從作品本身閱讀的樂趣來說，《占星術殺人魔法》都是一部值得多方玩味的正統推理作品。

《占星術殺人魔法》描述一椿長達四十年都沒破案的「聖女阿索德」命案，內容涉及占星術與魔法。小說從一份詭異的手記開始。手記撰寫者梅澤平吉，描述他為了製造自己心目中的聖女阿索德，而將六個女兒殺害並支解身體，企圖以星座、煉金術和魔法，組合出一個完美的女性。手記看得人不寒而慄，可怕的是，「阿索德命案」果然如手記中

所述的發生了，六個少女的殘肢在日本各處一一被發現。但詭異的是，撰寫手記的梅澤卻早在六個少女死去前便已遭殺害，其他有可能殺人的嫌疑犯，全都有不在場證明……。

緊接在這陰森詭異的手記後面的是偵探御手洗潔令人難以忘懷的登場：平常「喋喋不休的御手洗，不知怎麼地，竟然得了嚴重的憂鬱症……，不論是去洗手間或喝水，他都像一頭瀕死的大象，行動遲緩，就連接待偶爾來占卜的客人，也是一副無精打彩的樣子」。但是在看到手記裡對星座的描寫，御手洗還是忍不住擺出權威的姿態議論一番：「他的話太過武斷了。因為決定身體特徵的，與其說是太陽宮，無寧說是上昇宮……。」他突如其來的憂鬱症在解答出梅澤家占星命案之後，神奇地不藥而癒。扮演華生角色的友人石岡和已都忍不住發問：「為什麼幫人算命的人都有這麼多毛病？」小說裡這位極富魅力的偵探御手洗潔（御手洗即日文廁所之意，加上潔則有將廁所洗乾淨的意思），不管是名字

或是作風，經常引人發噱。

御手洗潔是島田莊司筆下兩大系列之一的主角偵探，總計在長短篇共二十多部中登場。設定的原本職業就是占星師，所以這部作品有不少關於占星術的描述與正面的議論。御手洗探案的特色在於詭異懸奇帶有幻想性趣味的謎團，與華麗壯闊的詭計，讓本格推理理論性的想像發揮到極致。雖然推理小說的專業情報化往往會造成閱讀的障蔽，不具備星座知識的讀者在初讀手記時可能會頭昏眼花，不過，占星術與黑魔法在本書中並非解謎的絕對必要條件，純粹是為了營造謎團的氣氛，所以就算不懂占星相關知識，閱讀上並不會造成太大的困擾。

島田莊司的作品詭計通常都極其大膽與不可思議。這種精神也貫穿了作者其他的作品，例如《消失的水晶特急》行駛中失去蹤影的列車之謎、《北方夕鶴2/3殺人》霧靄中消失的兇手與凶器、《眩暈》中被切成兩半的屍體融合而復活、《斜屋犯罪》的特殊建築謎團情境的設定、《異想天開》

裡不可思議的白色巨人與走路屍體，甚至以《黑暗坡的食人樹》與《全力奔跑的死者》這類的書名來說，可說已經直截了當地把故事謎題性表露無遺。

邏輯與公平性

儘管發端要神祕，但是符合本格推理小說的另一個要項則是解決要合理。推理小說的命脈在於周密的邏輯論理，讓本格推理迷在閱讀之後留下滿足的餘味，重點在於公平性的營造。島田莊司的處女作《占星術殺人魔法》，令人特別會心一笑的是，終章前竟然也出現艾勒里‧昆恩式的「向讀者挑戰書」。之前種種不可思議的神祕玄怪，在謎底揭曉時，都有了讓人恍然大悟、心服口

服的答案。

這便是玄祕與推理本質的同與不同。儘管在許多古典和本格推理小說裡，「直覺」被視為偵探必備要件，許多名偵探追查案件時，往往靈光一現，穿透繁複的謎團，直接感應到兇手的動機與犯罪的手法（最有名的是布朗神父），但最終還是必須將此神祕予以解明，讓讀者享受到被「欺騙」的樂趣，以及最終得到解答的快感。而從作者的下筆方式，也可以推測出作者到底是站在科學與迷信的天平的哪一端，或是對於某種方式的占卜是抱持著熱誠擁戴或嗤之以鼻的態度，這也是閱讀占卜推理小說的樂趣之一吧。　■

本文作者為推理作家

信不信由你 文— 莊琬華

——關於算命態度的心理測驗

對算命採取什麼態度，反映出你是哪一種人。

Start→

1 你曾經想過「我是誰」、「為什麼來到這個世界」、「我要往哪裡去」這類問題嗎？

1. 是。（請到2）
2. 否。（請到4）

2 對於人的一生，你會比較同意哪一種看法？

1. 從出生的那一刻開始，人就帶著一生的藍圖，或者說，人生是按照上帝編寫的劇本演出。（請到3）
2. 生命是一個未知數，就像你不會先知道你會拿到哪一種口味的巧克力。（請到4）

3 如果你突然接到公司外派的人事命令，你會採取下列哪種方法來參考？

1. 找命理學大師分析命盤（星盤），作為了解自己應該如何選擇的參考。（請到7）
2. 運用各種占卜方法（例如塔羅牌、易經卜卦），選擇更好的發展方向。

（請到6）

4 你認為影響個人成功與否的因素，主要是：

1. 一半機緣（運勢），一半努力。（請到5）
2. 完整的規劃加上全力以赴，如果不成功，一定是某個環節沒有仔細考慮。

（請到10）

5 如果你渴望愛情，想要趕快擁有一個情人，你會：

1. 參考一些小祕方，例如佩戴粉水晶，多穿桃紅色衣服，或者燒香拜拜，祈求老天增加自己的愛情運勢。（請到8）

2. 努力參加聯誼、朋友安排的相親飯局，或者參加各種可以認識其他人的活動。（請到9）

6 如果有天晚上你做了一個夢，夢中有人說你太胖了需要減肥，醒來後你會：

1. 很難過，並且檢討自己是否真的太過肥胖，然後積極減肥。（請到8）

2. 當作個夢而一笑置之，不然就是去找那個人算帳。（請到9）

7 初見面的人跟你聊「星座、紫微斗數」，你會覺得：

1. 真是有趣，這是可以打開話匣子的好話題。（請到8）

2. 真是不懂裝懂，星座或紫微斗數等等豈是他講的那麼簡單！（請到10）

8 如果一位精通命理的人告訴你「中年過後你的財富會跟身體寬度成正比」，你會選擇：

1. 不減肥，甚至可能多吃一點，讓自己擁有更多財富。 (請到10)
2. 無論如何，還是會控制自己的身材不要發胖，即使錢少一點也沒關係。 (請到13)

9 如果你在報紙上看到類似「靈異事件」、「求神問卜而破案」的標題，你通常：

1. 跳過不讀，並嗤之以鼻。 (請到11)
2. 詳細閱讀，並為之嘖嘖稱奇。 (請到10)

10 事情無法決定的時候，你會不會想用丟銅板或者其他類似的方式來決定？

1. 會。 (請到13)
2. 不會。 (請到12)

11 你覺得下面哪句話有道理：

1. 個性影響命運。 —**D**
2. 命運決定個性。 —**C**

Ⓐ type 人生是一種挑戰（不信不迷）

也許你曾經問過自己「我為什麼要到這個世界上來」，也許你最在意的問題是「我如何實踐生命」，於是，你努力充實自己，試圖抓住每一個機會，朝人生目標邁進。對你來說，生命不是偶然，運氣並不存在，所謂一分耕耘一分收穫，經驗會累積為智慧，理性是生命的最高指導。相信命運掌握在自己手裡，不相信自己運勢太差老是碰上倒楣的事，也許你的生命終究如你所願，一帆風順，但是也許你會因為到手的幸福（成功）莫名其妙飛走而氣憤跺腳，如果不幸是後者，你也容易因為承受不了打擊而自我毀滅，所以，在積極方面，你適合閱讀各種成功學，在消極方面，你應該對生命有更哲學層次的思考。

Ⓑ type 命運交織（信且迷）

即使聽到「命越算越薄」的說法，你還是忍不住時時算、到處算，不論大事小事有事沒事，如果不算出一個答案，都會教你無法安心。出門前要先計算走哪個方向才對、穿什麼顏色的衣服才會諸事順利，吃飯時要算今天什麼不能吃，「老師」說，你今年忌水，於是連喝口水你都擔心會嗆著，如果知道自己沒有投機賺錢的運，那麼寧願把錢放在銀行慢慢生利息。做人處世的最高準則就是「命運的羅盤」，對於自己「生來」就缺乏的東西也不強求，一不小心，就容易將所有事情歸結到「唉，這就是我的命啊！」所以，你現在的重要功課就是好好認識命與運。

12 如果你要寫一封情書，你會寫：

1.「為了一段傾心的相遇，我已經在佛前求了五百年。」（請到11）

2.「我是天空裡的一片雲，偶爾投影在你的波心。」—**A**

13 玩大富翁遊戲的時候，你比較喜歡抽到：

1. 機會。—**B**

2. 命運。（請到12）

ⓒ type 人生有運（不信而迷）

「碰運氣」，是你面對人生面對事件的瀟灑態度，對於「運氣」的追求，你一樣也很瀟灑——馬虎了，當有人說配戴銀飾、水晶可以改變氣場，你馬上就搜羅這兩類飾品；如果不小心在山中迷了路，指南針可能比不上投擲銅板或者你的直覺有效。對於要追哪個男人或女人就交給塔羅牌來確認，喝咖啡是為了想要測知今天運氣如何，看到黑貓會心情沮喪，拿到雜誌最先翻看的是本週運勢。簡單來說，你會認為命好不好不重要，運對不對很重要，所以，與其找人幫忙探測、更改運勢，不如自己好好學一門卜卦之術。

ⓓ type 人生有命（信而不迷）

你認為人一開始就受一個看不見的羅盤或者星星指引著前進方向，即使自己不清楚，或者只是隱約察覺它的存在。但是若有機會一究這個奧祕，你也不會排斥。對於自我的了解，以及如何發揮天分，努力認識自我是你追求的目標，不管是命盤、星盤、八字，都是你了解自我的憑藉之一，因為你了解自己，所以，知生命之有限，而能在這有限中達到極致，如此一來，你不會有過多不當的慾望，不會有浪費生命的遺憾，可以不用徒然地撞得頭破血流而記取教訓。

探索命運時要閱讀的
50本書
3本和其他47本

與命運相關的網站推薦詳細介紹與內容，請上網查閱，網址為
http://www.netandbooks.com/taipei/magazine/no13_destiny/web.html

《自由與命運》（*Freedom and Destiny*）

羅洛‧梅（Rollo May）／著　龔卓軍、石世明／譯（立緒）

「命運之所以饒富深意，只因我們擁有自由。」

沒有死，生命的意義也就顯得貧乏。就像是生相對於死，自由與命運也有著相互依存的辯證關係。雖然命運無所不在，以一種極端的力量牽絆住自由的可能性，但這樣的局限，正使得自由的精神與價值更為耀眼。本書對自由的本質與迷思作了相當廣泛的涉獵，一方面，有關於自由的危機與歧路等嚴肅性的議題，一方面，也有關於自由的特性、如停頓與冥想等頗為詩意的探討，其核心，則共同指向自由在命運操控下的種種可能性。

自由並非任意妄為，無所約束，而是忠於自己或選擇成為自己。本書作者羅洛‧梅是存在主義心理分析大師，他認為唯有透過自由抉擇，並為所做的抉擇負責，方能體現自我之「存在」。在面對外界無以掌握的變數、挑戰與壓力之下，這樣的抉擇特別能彰顯作為一個人的主體性，尤其是在遭遇命運的時候。命運或許代表了一種結構性的限制，但自我卻有自由選擇和它建立何種關係、以何種態度面對它。即便命運把我

們推向絕望，我們也可以找出絕望對自我的價值，獲得一種超脫性的自由。

本書處處呈現了自由與命運擦撞的迷人火花，一如羅洛‧梅所說的：「我們在與命運拉扯徐行，以掙得自由之際，我們的創造力和文明於焉產生」。（藍嘉俊）

《佛陀》（*Buddha*） 手塚治虫／著 （時報）

佛陀，這位終其一生都在關懷眾生命運的聖者，他一生的命運究竟是如何呢？

釋迦牟尼的傳記有很多版本，但讀起來最讓人覺得親切的，當然是這套由日本漫畫之神手塚治虫所著的《佛陀》了。這部漫畫長篇，當初在《希望之友》少年雜誌連載了將近十二年之久（1972~1983）。手塚創作這部漫畫的初衷，並非是如實呈現正宗佛經裡的佛陀生平，而是希望以「手塚式風格」重新呈現這位偉人的風貌。因此故事本身淺顯易懂，並添加了好幾個虛構角色使得情節更為豐富。「請大家以看待《原子小金剛》同樣的視覺角度來閱讀手塚的這一部宗教漫畫比較恰當。」手塚自己先這麼說了。

不過，雖然這是手塚半自創的一個新故事，但對於佛陀的一生從大出離、菩提樹下成正覺、鹿野苑弘法、釋迦族的毀滅……直到最後進入涅槃等重要事件，手塚仍然照原本故事詳實詮釋。他畫出了會哭會笑會生氣的佛陀，其豐富表情和緊湊情節，拉近了這位兩千五百年前的聖者和我們之間的距離。其他真實在佛經中出現過的要角，像是佛陀的重要弟子、親族、當時北印度各地的國王，也在手塚的妙筆下再度活靈活現地躍然紙上。當然，佛法的要旨也隱含其中，不論是大小讀者都能在這本書中獲得自己的領悟和樂趣。 （蔡佳珊）

《喚醒心中的巨人》（*Awaken the Giant within*）

安東尼‧羅賓（Anthony Robbins）／著 李成嶽／譯（中國生產力中心）

每位成功的專業人士，都不難從他們的身上發現一個共同特質，那就是有一顆旺盛的企圖心。而這顆強烈的企圖心，往往就是影響著他們本身的能量。

能量高低與命運好壞或許不是等號，但是「努力不一定會成功，可是不努力就一定不成功」這句話，卻已把命運的因子放在能量的範圍中。「死腦筋的人相信命運，活腦筋的人則相信機會。」跑過業務的人，常常會把市場景氣不好，當作是自己的命或運不好，孰不知這些念頭，在本書裡卻成為「神經語言學」—— 一種可以徹底改變習慣性的思想與行為的學問——的最佳教材。在探討命運的同時，能量會跟著想法消長，而思想左右著行為，因此，想要認清命運的本質，就要學到掌握自己的力量。

因為對自己的力量無知，所以，會常常聽到面對命運時無奈的聲音，但是當發現人類一切的行為都受控於腦中的「主宰系統」（Master System），就好像物理或化學受控於某些定律或法則，就會明瞭許多人與事的本質，不再可以輕易地用三言兩語歸咎於「命運」二字。推薦本書不是因為心靈勵志，更不是可以成功致富，相對地，這是一門學問，一門攸關人生成功與否的知識。 （Henry）

心理、意志與命運

《存在與虛無》（L'être le néant）尚—保羅·沙特（Jean-Paul Sartre）／著　陳宣良等／譯　（貓頭鷹）

從大處來看，每個生命都沒有立足點，每個人都要死，這是共同的命運，如果承認了這個命運，那人的存在或不存在，其實沒有差別。如果沒有一個堅若磐石的理由，作為生命的基礎，人怎麼活都不會自在。這就是沙特的成名作《存在與虛無》的出發點。

沙特認為生命要不陷於虛無，答案就在：「時時刻刻」之間。如果我們覺得，存在與不存在是有差別的，那便是在刹那間作了一個重要的選擇，一種意義與價值的選擇。就在這個刹那，我們脫離了虛無。如果每個刹那都有所選擇，而每個選擇又都創造或支持了某些價值，那你就從虛無的手中奪回了生命的自主。　（王思迅）

《西西弗的神話》加繆（Albert Camus）／著　杜小真／譯　（廣西師範）

面對自己的生命和命運，不可抗拒的荒謬本質，加繆利用了西西弗的故事為基底，闡述其存在主義的精神。西西弗被諸神處罰不斷地推巨石上山，在抵達山頂前一刻，巨石必定滾下，然後又從頭開始，這是許多人對於命運的看法，認為人生承受著莫名命運的羈絆，在無止盡的迴轉中虛耗。但加繆在此書中辯證：荒謬的人會知道自己是生活中主人，西西弗會有一種信念，認為努力會克服了「徒勞」，這種想法因此而使他獲得了勝利，他會覺得這種抗爭本身就足以讓一個人感到幸福。人生命運的掌握，終究是可以以對抗而獲致的。　（林盈志）

《夢的解析》（Die Traumdeutung）佛洛伊德（Sigmund Freud）／著　孫名之／譯　（貓頭鷹）

這本書是心理學祖師爺佛洛伊德平生最得意的著作。他的精神分析理論認為，人的思維是一個封閉的系統，被壓抑的欲求不會被送出腦外，而是遁入潛意識之中，而「夢」就是潛意識世界中的欲望活動。佛洛伊德在本書中探討夢的材料、來源和功能，也介紹釋夢的方法。「當釋夢工作完成之時，我們就會知道夢是欲求的滿足」，「一個意識欲求只有當它不斷喚醒類似的潛意識欲求，並從它那裡取得援助，才可能促成夢的產生」。因此，夢就是另一個你，白天被你排擠遺忘的念頭，在深夜裡繼續召喚著提醒著，不要忘了自己真正的需求。你的過去和未來，都顯現在夢中。　（蔡佳珊）

《叔本華思想隨筆》（Die Ausgewählten Schriften von Arthur Schopenhauer）

叔本華（Arthur Schopenhauer）／著　韋啓昌／譯　（上海人民）

本書文章選自哲學家叔本華的後期著作《附錄與補遺》和《作為意欲和表象世界》第二卷，內容包括作者對命運、痛苦、教育、美、性愛等議題的看法。叔本華指出，人的存在充滿了痛苦與虛無，那是因為我們的欲望不可能被填滿，這很像佛教所說的，想要而要不到是所有痛苦的來源。關於命運，他認為人的先天個性和外在的偶然性與必然性進行了結合，形成一條條相互糾結的因果鏈，使人的一生途徑已被注定，我們只不過是按照劇本演出的演員罷了。叔本華是典型的悲觀主義者，也許人生無可避免地是一場悲劇，但可以是一場很美的悲劇。　（藍嘉俊）

《了解人性》（Understanding Human Nature）

艾弗瑞·阿德勒（Alfred Adler）／著　W. Beran Wolfe／英譯　蔡美玲／譯　（遠流）

本書作者艾弗瑞·阿德勒（1870~1937）是著名的精神分析學者，其人格理論「個人心理學」係以「自卑情結」和「創造性自我」為中心，並強調「社會意識」的重要性。

「一個人的命運取決於他的靈魂。」——這是歷史之父希羅多德（Herodotus）之語，也是本書作者用以作為全書開宗明義的引言。他認為唯有透視己身的靈魂，才能概覽人性的地圖；而靈魂生命的結構和心理發展方向，早在童年初期就已形成——家庭正是形塑孩子靈魂成長與行為模式的第一個場所，而學校教育和社會教育也各自發揮培育養成之效。

了解人性及心理發展律不但是為了深入內省、避免（對自己與他人的）錯判與誤解，更是積極開拓命運的準備。　（楊郁慧）

《命運之舞：基因的故事》（The Language of the Genes）

史蒂夫·瓊斯（Steve Jones）／著　劉泗翰／譯　（先覺）

從1953年華生和克立克發現DNA雙螺旋，到2001年美國國家衛生研究院的人類基因組計畫（Human Genome Project）初步完成30億個人類基因序列解碼，還不到半個世紀的時間。儘管我們對遺傳學的了解突飛猛進，但知道的越多，就也發現越多的未知。在詩人濟慈所說的「人猿與柏拉圖之間」，人類還在急切地找尋自己的定位。

本書作者是英國倫敦大學學院遺傳學教授，此書原是他在英國國家廣播公司（BBC）雷斯講座（Reith Lectures）的一系列演說稿，因此行文流暢活潑，以旁徵博引的幽默語調，從遺傳角度回顧宏觀人類歷史，也關注個人命運。不過作者特別強調，一切相信遺傳，就跟一切相信命定一樣，都是放任自己什麼都不做的好藉口。　（蔡佳珊）

《靈魂符碼：橡實原理詮釋人的命運》（The Soul's Code: In Search of Character and Calling）
希爾曼（James Hillman）／著　薛絢／譯（天下文化）

橡實原理的主要論點是：每個人出生時都是一顆橡實，而後會長成什麼樣的橡樹，其符碼都已蘊含在橡實之中。有的壞胚子長成了希特勒，有的智慧種子長成了愛因斯坦。許多知名人物似乎都很早就明白終身志業為何。但橡實理論並非是宿命論，作者套用柏拉圖提出的「代蒙」（Daimon）——每個人的守護精靈，認為個人應該審視童年經驗中的種種徵候所顯現的命運所繫，發掘與生俱來的天賦，並且隨時對自我保持敏銳感知，傾聽靈魂深處的命運感召。

希爾曼是容格學派的心理分析學家，卻未受限於心理學的理性框架，他的橡實理論雖有許多地方尚待深入辯證，但確有獨到之處。最後對於「平庸」的觀點尤其饒富深意。（蔡佳珊）

《中國哲學簡史》馮友蘭／著（新世界）

真有所謂的「命運」嗎？何謂「命運」？相信「命運」是種迷思嗎？種種與「命運」相關的疑問，古今中外的人們始終充滿好奇。有別於西洋哲學，中國哲學特重對實踐的發問，各個時代的各家學說對於「命運」的思考也累積了豐碩的成果。本書簡潔扼要地呈現中國先哲們對於天命與人生的思考結晶，讀者可以以歷史時代為經，縱向地了解中國歷史各時代氛圍底下的命運觀，並以各家學說為緯，橫向地比較各家對於命運的解釋。（張勻翔）

《莊子》莊子／著　傅佩榮／譯注（立緒）

面對命運，莊子認為：「死生，命也；其有夜旦之常，天也。人之有所不得與，皆物之情也。……夫大塊載我以形，勞我以生，佚我以老，息我以死。故善吾生者，乃所以善吾死也。」〈大宗師〉生死有命，一切自有造物者安排，凡人莫與之爭，即便是遭遇橫禍，也自有因應之道。莊子的基本態度就是「知其不可奈何而安之若命」〈人間世〉。配合老天的旨意，毫無怨尤，是謂「且夫得者，時也；失者，順也。安時而處順，哀樂不能入也」〈大宗師〉，這就是莊子的「安命觀」，面對無常的命運，他提供了我們一條出路。（藍嘉俊）

《機遇論》房良鈞／著（天津社會科學院）

本書主要探討有關「機遇」的種種課題，從機遇的定義、形成、特性、分類以及作用說起，接著談機遇的識別和利用，最後則將機遇思想分為西方與中國兩大部分進行徵引與探討。西方部分是希臘羅馬哲學直到現代科學家的機遇理論都有涉及，中國的部分則從先秦諸子一路談到孫中山。雖然此書引用的條例並未能統一，探討的內容也顯得不夠全面，且其第五編講馬克思以至於江澤民等人的機遇思想，就其所占用的篇幅看來，又未免顯得過於突兀。但能夠在四百多頁的篇幅中將古今中外從哲學、玄學以至於兵學、科學都顧及到，便顯得難能可貴。（墨壘）

《聖哲說命》張耀南／編撰（東方）

此書將「古今中外的一切談命言論」區分為七種類型：定命、宿命、隨命、侯命、運命、符命、造命。「不能歸入以上七類者，均只是七類中二者或三者之綜合；故本書雖以『雜命』一名標示之，卻並不表示它就是單獨的一種命運觀。」其實標榜「一切」未免托大，然而此書所收集的有關聖哲們對命運的看法也確實不少，因此倒也不須過於苛求。書中除了收錄孔子、列子、王充、柏拉圖、馬基維利等中西方有名人士的談命言論外，也收錄一些較為不為人所知的作者的言論，如中國的姚興、西方的彭加勒等人。因此此書對於想要了解中西雙方哲人們關於命運的看法與態度的讀者，仍具有一定的幫助。（墨壘）

《中國古代命運觀的現代詮釋》陳寧／著（遼寧教育）

從古至今，對命運的思索一直在中國人的精神生活中占有極重的分量。但是要比較各家各派的命運學說卻非易事，光是「命」這個字的涵義就複雜得很，各家解釋均不相同。因而怎麼定義、分類是首要之務。本書以「命運是否可知可改」為標準，先對古代中國的命運觀嚴謹分類，再仔細探討各種命運觀的形成和發展，並不時參照西方相關思想，交會出新的意義。對於儒家的命運觀尤有完整的系統性詮釋。此書雖為學術著作，文風卻平易近人，是了解中國命運思想不可或缺的參考書。（蔡佳珊）

《金剛經》（六祖慧能大師註解版本）（佛陀教育基金會）

如果要體會一個人的終究根本，而對宗教又沒有一定的信與不信的話，《金剛經》還是一個最好的選擇。

如同「佛」的本意是「自覺，覺他，覺行圓滿」，而不是某個神祇的名稱，《金剛經》也是一本幫助一個人走上這條路的最好指引。不過對大部分人來說，《金剛經》可能太過言簡意賅，因此六祖慧能大師註解的這個版本就是最好的選擇了。其中六祖註解的許多口訣，尤其值得揣摩。（傅凌）

《過去現在因果經》（《大正新修大藏經》第三卷本緣部上）（白馬精舍印經會）

本經是屬於「本緣部」的經典，佛陀以自傳的形式，敘述自身及聖弟子們過去世及現世的生命奮鬥歷程。全經共四卷，為劉宋求那跋陀羅所譯。佛法對因果、命運的觀點，各種因緣果報的現象，分布於各經典中。本經雖然不是直接談到對命運的觀點，但卻以佛陀及聖子子們，經由過去世長久的生命奮鬥到達圓滿的故事，來說明每一個人都可以透過精進努力，在緣起實相中運作，而獲得圓滿的因緣果報。這也就是為何此經名為《過去現在因果經》的原因。

佛法認為每一個現象的產生、轉變及寂滅必然是有因有緣，這也就是佛教的核心思想「緣起論」。佛教並不承認有「命運」、「宿命」的存在，只要能認清楚痛苦的現象，進而拔除痛苦的原因，透過生命積極創造的力量，必定能達到光明圓滿。本經可說是對命運有深刻啟發的經典。（洪啟嵩）

《聖經》（國際聖經協會）

「把一切的事交託給神」，是基督徒常說的話。《聖經》把神比喻為牧者，而信徒就是神的羊，表示人的命運就由神來安排。也就是說只要一心一意追隨神的腳步，遵循神的誡命，最重要的是願意「認罪」和「悔改」，那麼「你們的父樂意把國賜給你們」，並且可以獲得成為天國子民這個永恆不變的身分。不過，我們也可以在《聖經》中看到，祈禱有改變命運的作用，也表示說人憑著意志也有主宰自己以及他人命運的能力。耶穌在《聖經》中行各樣的神蹟，改變無數人的命運，甚至預知自己被誰出賣，然而最後還是被釘死在十字架上，那並不代表耶穌沒有能力改變自己的命運，而是他甘心樂意地把靈魂交託給神：「只要成就你的意思。」

我們可以把《聖經》視為一本「心靈雞湯」，個人推薦〈詩篇〉給所有「失喪的靈魂」。（冼懿穎）

《西藏生死書》（The Tibetan Book of Living and Dying）
索甲仁波切／著　鄭振煌／譯（張老師文化）

生與死是人類最重要的兩件事，但很多人卻不知如何面對，尤其是死亡。為什麼我們會如此懼怕死亡？另一個極端則是死亡被（自殺者）浪漫化，這些起因於我們對死亡的無知。對西藏佛教來說，人的存在可分為四個連續相續且完整的實體：生、臨終和死亡、死後、轉世，因此，死亡不是生命的終點，它只是一個輪迴的過程。如果在世時活得過於汲汲營取或頹廢不振，逼視死亡，反而能夠帶來生命的某種覺醒。無論你是否接受輪迴的觀念，只要了解生命的無常，懂得內省與放下，便能通達生死，這就是本書所要帶給讀者的。（藍嘉俊）

《命運的奧義》 王溢嘉／著（野鵝）

不同於一般談命運的方法，本書從一則則明清筆記小說裡的故事開始，整理分類，將中國人對命運的豐富看法烘托而出。作者將中國人的命運觀分為四種：道家的安命觀、儒家的立命觀、墨家的非命觀及陰陽五行家的窺命觀（即古典命定論），本書主力在最後者，也就是八字、紫微、風水、星象等各種趨吉避凶的方法及背後脈絡。同時，作者也對命定與自由、命運與道德、消長生剋、天人合一等與「命定論」相關的議題及概念進行論述。更重要的，就在以故事為經、論述為緯的交織中，孕育中國人命運觀的社會、文化與心理環境，也一一呈現。（藍嘉俊）

《燒餅歌與推背圖》 劉伯溫等／原著　張英基等／釋疑（百善書房）

《推背圖》傳為唐朝李淳風與袁天罡所作，《燒餅歌》傳為明朝劉基所作，是中國兩大預言世代王朝興衰命運的預言書。其中又以《推背圖》最為有名，此書為清人金聖嘆批註，其中卻談到金聖嘆（1608~1661）死後之事，如第三十四象講太平天國（1851），頌曰：「『洪』水滔天苗不『秀』，中原曾見夢『全』非」，洪秀全假託夢見上帝創立拜上帝教，最後以失敗告終。如此預言不得不令人驚嘆。但更令人驚嘆的卻是第五十六象：「飛者非鳥，潛者非魚，戰不在兵，造化遊戲。」其中附圖兩人持干戈相向，口中吐火，預言了未來的戰爭不動士兵而以飛機、潛水艇、電磁波等作戰的戰爭景象。因此此書即便是宋明間人偽造，其人的幻想力也已到了令人匪夷所思的地步，非看不可。（墨壘）

《麥克貝斯》（Macbeth）莎士比亞（William Shakespeare）／著　方平／譯　（木馬文化）

莎士比亞的四大悲劇都跟主角性格裡的弱點有關，而《麥克貝斯》（即馬克白）一劇濃重的悲劇色彩在於此劇裡添加了命運的元素：三女巫在雷電交加的曠野上先是預言麥克貝斯的未來：他將當上考德爵爺，而後還將當王。為此預言而叛亂的麥克貝斯，不久後前往曠野尋求女巫協助，預示他的未來。他因這樣的答案而欣喜而進一步墮落：「凡是女人生下的都傷害不了他……麥克貝斯是不可戰勝的，除非有一天，勃南的森林竟然衝著他，朝鄧斯南山地挺進。」

第一個預言引發了麥克貝斯暗藏的野心，第二個催速了他的滅亡。《麥克貝斯》之所以為悲劇並不在於命運難以抵抗，而在於麥克貝斯面對命運的態度揭露了他性格的脆弱與貪婪。（Clain）

《約翰・克利斯朵夫》（Jean-Christophe）
羅曼・羅蘭（Romain Rolland）／著　傅雷／譯　（人民文學）

本書是一部以文字寫成的交響樂，敘述　位音樂家的　生，時而語言輕妙，彷彿無法言傳不可置信的生之幸福，有時又慷慨激昂，彷彿正與命運進行絕不妥協的搏鬥。這是人一生的縮影。每個人在看這本書時都可以從其中看到自己，不管是偶像的幻滅、愛情的失落、在灰暗中尋求自我的肯定，我們在書裡感受到生之況味的種種共鳴，但它同時也給予我們激勵的力量，讓我們時時刻刻記得：「真正的光明絕不是永沒有黑暗的時間，只是永不被黑暗所遮蔽罷了。」〈譯者獻辭〉

如果人生是一個長途跋涉的旅程，這本書將會是你一生的旅伴。（徐淑卿）

《老人與海》（The Old Man and the Sea）海明威（Ernest Hemingway）／著　張愛玲／譯　（台英）

努力了半天卻一無所成的時候，枯坐三小時釣不到任何一條魚的時候，下著大雨的週末癱瘓在沙發上抗拒著禮拜一到來的時候，就看《老人與海》吧。書中的浩瀚大海就像你載浮載沉的紅塵俗世，老人孤獨的自言自語，就像你慣常的自我思索、牢騷或夢囈。看到老人拚命對抗鯊魚的段落，你也腎上腺素激增，不知打哪生出了一股力氣來。最後拚搏到筋疲力竭，「打敗仗，倒也很舒服」，老人這麼想。你則細細想著老人的話。

這本書在海明威心中醞釀了十五年之久，是他畢生作品精髓所在。寓言式的文體所賦予的閱讀空間，就像書中的大海一樣寬廣。在不同的人生階段或命運境地重讀此書，每每總有新的靈光一現和勇氣勃發。（蔡佳珊）

《古都》川端康成／著　李永熾／譯　（遠景）

同時間出生的攣生姊妹，一個被沒有子女的商人之家收養，在雙親的疼愛中成長，一個則是在山林間的伐木村落以孤兒的身分長大。不同的際遇，讓兩位少女除了外貌相似之外，性格截然不同，而當他們相遇之時，卻也因為所屬階級的差異而無法一起生活。

命運對他們來說似乎有些殘酷，他們無法選擇自己的出生、成長的背景，甚至無法以同樣的位置相認、相愛，如同作者一開始描寫的寄生在老楓樹上的兩株紫羅蘭，永遠被固定在兩處，隨著四季交替而開花、凋零，充滿生命力，也充滿孤獨感，卻也各安其所地活著。聯繫兩人之間的血緣，只能提供她們各自活下去的勇氣。（莊琬華）

《半生緣》張愛玲／著　（皇冠）

有人相信生命也有配額，讀書、朋友、事業、飲食、愛情，因此常常會聽到別人說緣分已盡或緣分未了……此書講的是幾個男女在十四年間的故事，十四年已耗盡「半生」的緣分：「不過幾年的工夫，這幾年裡面卻經過這麼多事情，彷彿把生老病死一切的哀樂都經歷到了。」顧曼璐只消一句模稜兩可的話，就改變了三對男女的命運，而沈世鈞只需稍為對戒指上的血跡起疑心，或許一切也會變得不一樣，多少的陰差陽錯也只是微妙的、一瞬間的事。張愛玲筆下的主角，總是逃脫不了命運的撥弄──封建社會的禮教、戰爭導致的顛沛流離，造就了命途上更多的轉折。我們看到作者對命運的看法就是，人活在命運之輪下，「世鈞，我們回不去了。」既無奈卻又無助。（冼懿穎）

《活著》余華／著　（麥田）

這是一部描繪「生命中可以承受之重」的小說。敗家子福貴賭光了家產，成了佃戶之後開始努力幹活，經歷過孩子、孫子誕生的喜悅，卻也陸續遭逢無情降臨家中的厄運，家人一個個死去，最終只剩下垂垂老矣的他牽著老牛在田畝間回憶往事。余華用最樸實無華的農民口吻來訴說一個平凡人的一生，故事深刻生動而震撼人心。

平凡中的生動與深刻，正是這部小說的偉大之處，同時也是我們每一個平凡人活著的偉大之處。總之，這是一本讀的時候必定會熱淚盈眶，但卻不得不繼續讀下去的好小說。（蔡佳珊）

《牧羊少年奇幻之旅》(*El Alquimista*) 保羅‧柯爾賀（Paulo Coelho）／著 周惠玲／譯（時報）

命運就好像由一個個鍊環互相緊扣而成，要不是認識了某個人，要不是做了某件事，今天我們所走的路就會完全不同——這正是牧羊少年所講的「神祕鍊環」。從三枚西班牙金幣開始，牧羊少年的命運便產生了微妙的變化，要不是成為牧羊人，他可能只是留在出生地當一個神父，也就不會遇上撒冷之王；要不是遇上撒冷之王，就不會幾經歷練抵達埃及實踐自己的「天命」。少年說：「當一個人越來越接近天命完成的時刻，天命也會更加成為他存在的意義。」原來，人生的意義是在於實踐天命時經歷的所有遭遇，哪管是好的還是壞的。作者不斷在散播一種樂觀的訊息，提醒我們不要抗拒自己的命運，只要聆聽自己的內心，那麼全宇宙也會合力來協助。因此，到最後儘管「命運」的確向這位少年開了一個大玩笑，我們也毋須替他難過，因為即使回到原點，少年得到的總比失去的多。 (冼懿穎)

《命運交織的城堡》(*Il Castello Dei Destini Incrociati*)
伊塔羅‧卡爾維諾（Italo Calvino）／著 林恆立／譯（時報）

作為占卜之用的塔羅牌，在卡爾維諾的生花妙筆下，產生另一種型態的命運解牌圖說，而占卜師就是提問者本身。占卜的場景發生在城堡與酒館。前者是王公貴族、上流人士出入的場所，後者是販夫走卒、尋常百姓尋歡的角落，故事都從長桌上的一組塔羅牌展開，帶出命運肇始起點的則是一張「杯騎士」圖像的牌面。藉由一張張刻工細膩、製作精美的牌組，鋪陳出城堡裡無數顯達追尋權、名、利與愛欲的人生，這些牌組彼此水平錯落垂直交織，一如宮廷文化彰顯的秩序；庶民文化的酒館裡，人們急於搶奪牌組述說人生，荒謬、愚昧的場面就如浮士德、伊底帕斯等等廣為流傳的故事，瘋狂底下淨是無奈與扭曲的人生百態。塔羅牌的神祕在卡爾維諾的解讀下，又更添奇情與想像的點綴。 (黃佳慧)

《無情／厄運》吉本芭娜娜／著 劉慕沙／譯（時報）

死亡會是關係的結束或者仍微妙地牽引彼此？當緊緊相繫的兩個人中的一方死去後，活著的人除了悲傷該怎麼面對留下的空白？第一個故事中的「我」在一段旅程中，遇上了自殺的好友千鶴，彼此的關係從怨懟到原諒，終於讓「我」能找回陽光。第二個故事中，妹妹在夢中遇見生病而亡的姊姊，在現實中，她卻必須學會如何不再沉浸於悲傷。莫名其妙出現的小境君，成為她的鑰匙。

周遭人的命運影響，在無形中讓故事主角失去生命的光彩，卻又能成為他們前進的力量，命運雖然無解，但是作者還是給了一個溫暖的答案，未來終究是散發著朦朧的光。 (莊琬華)

《算命先生告訴我》(*Fortune-Teller Told Me*)
帝奇亞諾‧坦尚尼（Tiziano Terzani）／著 陳正芬／譯（商智文化）

1976年，一位香港算命師提醒作者1993年將會有個劫數。他奉勸作者：「千萬別坐飛機，一次都不行！」算命師的預言果然應驗，那年一輛直昇機在柬埔寨墜落，機上就坐著接替他職務的同事。

算命師的預言，不僅讓作者逃過一劫，更重要的是，使他有機會選擇過一種不同的生活。1993年，作者採用飛機以外的交通工具，從遠東到歐洲，每到一地他都拜訪當地著名的算命師，這些人裡頭有討生活的神棍，有些則對人性有罕見的理解力，使他們能讀出別人的心。對作者而言，這原本應該是發生災難的一年，卻變成充滿驚喜的一年，他看見以往從未看見的人、事、物，同時也有機會檢視自己的人生，叩問命運的奧義。 (徐淑卿)

《Bertrand Russell Autobiography》(羅素自傳) Bertrand Russell（羅素）／著（Routledge）

一個人的一生，如果能敢於不斷蛻變自我，敢於思考，敢於行動，敢於追求愛情，敢於下牢，敢於冷對千夫所指，敢於生活無繼，我們已經可以想像這個人的命運有多麼波瀾起伏。但是如果再加上一些因素，知道這個人曾長年流放異國，到最後卻贏得普世尊敬；知道他一生可以改變多項學術研究領域的跑道，最後還能拿到諾貝爾的桂冠，成為一個不但在二十世紀，在人類有史以來哲學史上都有自己地位的哲學家，你又要怎麼說呢？

羅素的自傳，正是這樣的一個命運的故事。也正是說明我們可以如何面對命運的一個故事。 (傅凌)

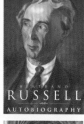

《懺悔錄》(*Confessionum*) 奧古斯丁（S. Aureli Augustini）／著 周士良／譯（台灣商務）

公元四世紀著名的基督教作家奧古斯丁最為人傳誦的作品。奧古斯丁原本信仰摩尼教，後又受柏拉圖思想影響而對一切持懷疑態度，但後來決定信仰基督教，辭去米蘭城雄辯教授教職，獻身教會。奧氏在書中一一點數自己從出生至母親病逝，自己所犯下的過錯，並歌頌天主包容與寬恕的恩澤。本書古典拉丁文原名「Confessionum」，為「承認、認罪」之意，在教會文學中亦有「承認神的偉大，歌頌」的意思，而因為奧氏在書中記錄了自己的一生，是以也成了「自傳」的代名詞。本書不僅流露出一個徹底服膺基督教的人充沛的情感，也部分呈現了古羅馬時期文化的風貌。 (Clain)

命運中的人物

《貝多芬傳》（*Beethoven, vies des hommes illustres*）
羅曼‧羅蘭（Romain Rolland）／著　傅雷／譯（世界文物）

在傳記的一開始，羅曼‧羅蘭用短短幾句話，就讓讀者彷彿看到貝多芬。他不但善於描繪貝多芬的形象，而且深刻地理解他不斷反抗命運的靈魂。對羅曼‧羅蘭來說，貝多芬既是《約翰‧克利斯朵夫》這部巨作的靈感泉源，同時他「我要扼住命運的咽喉」的怒吼，也象徵了那一代人永不屈服的精神。羅曼‧羅蘭說，這些名人傳是獻給受難者的。這些英雄將痛苦化為油膏，給予不同時代的受難者光亮，直到現在依然如此。

除了傳記之外，本書還附有貝多芬和友人的書信，以及譯者傅雷討論貝多芬作品的文章。　（徐淑卿）

《永不放棄的海倫凱勒》（*The Story of My Life*）
海倫‧凱勒（Helen Keller）／著　大田編譯小組／譯（大田）

一句「我的身體雖然不自由，但我的心是自由的」，讓全世界為之動容，海倫‧凱勒，在十九個月大時，因為一場大病，使得她從此失去了視力及聽力。但是深具樂觀的信心和勇氣的她，選擇迎向多彩多姿的世界，讓自己脫離枷鎖，努力追求心性的獨立、希望，反璞歸真！這是許多面對命運，挑戰自己成功的故事之一。如何把他人眼中的缺憾，轉變成自己挑戰毅力的目標。這些過程，值得讀者在思索命運的線索時，用來激勵或警惕自己，願望往往不得其想的人或事事皆順如其意的人，應該可以從中獲得很大的啟示。　（Henry）

《梵谷傳》（*Lust for Life*）伊爾文‧史東（Irving Stone）／著　余光中／譯（大地）

年少時讀《梵谷傳》，為了一窺他割耳朵的瘋狂求愛。後來再讀，只剩不斷的唏噓。

梵谷二十七歲開始學畫，卻在三十七歲時舉槍結束自己的生命。儘管才短短十年，他卻已交出令後世驚嘆的作品。但在那十年，梵谷受的磨難實在無法與他過世後所受的榮寵成正比。他窮困潦倒，感情坎坷，患有癲癇症，再加上一顆敏銳易碎的靈魂，也許只有狂熱的繪畫創作能量及弟弟西奧的資助能安慰他。

本書是作者根據梵谷寫給西奧的信，加上追尋梵谷在荷蘭、比利時及法國的行蹤而撰寫。也許能讓我們下回看到鳶尾花或向日葵時，心頭多多湧現那位擁有一頭紅髮的狂熱靈魂吧。　（詮斐）

《旅人：湯川秀樹自述》湯川秀樹／著　陳寶蓮／譯（遠流）

《旅人》是1949年的諾貝爾物理學獎得主湯川秀樹的回憶錄。雖然時間上只記載1907至1934年間，但卻已包含湯川秀樹最重要的人生階段。

小時候的湯川秀樹，個性害羞，加上寡言，因此綽號叫「小不說」。而嗜讀文學書，以及敏銳纖細的特質，也往往讓人以為他會走向文學。其實，湯川秀樹的沉默，除了因為他不喜歡辯解，也許是對權威的父親的一種抗拒，但卻不代表他沒有自己的想法。而興趣轉向物理，湯川秀樹謙稱是一種偶然，但若非開放且自由的環境，也許他很難有機會了解自己適合且喜愛物理，一種煩惱於理想及現實間矛盾的學科。　（詮斐）

《松下幸之助：日本經營之神》陳訓明／著（風雲館）

《松下幸之助》這本傳記應該是許多企業人必備的案頭書，畢竟，松下幸之助的成功已經成為傳奇，也已經成為典範。

松下幸之助九歲當童工，連小學都沒畢業，他卻靠著堅定的意志、靈活的頭腦、失敗就再爬起來的無畏勇氣，以及願意比別人付出更多的打拼，建立起自己的電器王國，並擁有日本經營之神的稱號。

支撐松下幸之助成功的力量是什麼？一般都認為是他的父親。他的父親不時鼓勵他忍耐，因為偉人都是經歷千辛萬苦才成功的，甚至要他放棄上夜校，繼續當學徒，以後好做生意。

十二歲父親就過世的松下幸之助，父親的教誨成為他一生努力的目標。　（詮斐）

《絕地花園》鄭慧卿／著（天下文化）

小腦萎縮症、多發性硬化症、亨丁頓舞蹈症、高雪氏症、高血氨症……這些罕見疾病一如其名，彷若難解的密碼，往往源自於生物演化史上自然發生的遺傳缺陷──儘管這些病患不禁要問：為何偏偏是我成了這萬分之一甚至七萬分之一的「選民」？多數時候，是身旁的照護者以愛之名一路相伴，才能為病患及其家人一磚一石築起堅實的心靈堡壘，好繼續打這場無盡的聖戰──要迎戰的，除了日夜啃噬的病魔，還有社會大眾對罕見疾病的無知與無情，以及不夠健全的社福與醫療制度。閱讀這本以觀省與溫情之筆寫下的七個罕見病患的真實故事，除了使讀者對這些罕見疾病以及其他身心障礙者有更多的理解與關懷，更實際積極的，是正視優生保健之必要。　（楊郁慧）

《不斷幸福論》（Die Glückformel）柯萊恩（Stefan Klein）／著　陳素幸／譯　（大塊）

本書以腦神經科學的研究為基礎，說明「幸福」的感受如何在腦中形成，並結合情緒管理的觀點來說服讀者：幸福是一種態度，只要學習到正確的態度與思考方式，就可以讓幸福的感受一再重返。

作者探討了愛、性、金錢、團體活動等在幸福這件事上的角色，闡明各種上癮現象與心理疾病如何使人遠離幸福，讓人更認識自己的生理與心理之間的關係。

這本以德文寫成的科普書，在德國出版後大為暢銷。說來，日耳曼文化是不是比較願意以理性方式窮究感性事物、並因此形成更容易得到幸福的社會？關於一個社會的「幸福條件」，此書也引用諸多研究做了有意思的分析。

讀這本書讓人確定：一個有能力學會幸福的人，不需要聽算命師說他好命。　（陳本）

《Good Luck：當幸運來敲門》（La buena suerte）

亞歷士‧羅維拉（Alex Rovira）、費南多‧德里亞斯迪貝斯（Fernando Trias de Bes）／著　范湲／譯（圓神）

運氣和幸運的差別在哪裡？本書告訴我們，運氣並不會照著人的意思走，也不可能持續太久，但是，幸運卻可以完全由自己掌控。

兩位作者是西班牙的經濟學家，他們以淺顯易懂的寓言故事，指出幸運不可能從天而降，而只存在於我們所創造的環境中。多數人都渴望獲得幸運之神的眷顧，有些人坐等運氣，卻不願付諸行動，或不知該如何創造幸運，本書如同一個打開幸運之門的鑰匙，告訴讀者好運的確是可以創造的，它有一些訣竅，而最重要的就在於你的付出，以及你為它所準備好的環境。　（徐淑卿）

《來註易經圖解》來知德／註　（武陵）

《易經》與占卜的作用，雖然眾人皆知，但最難的是到底如何從《易經》中看出占卜的解釋。《易經》之難，首在於文字之難。濃縮、精簡之極的文字來解釋那麼龐大、複雜的宇宙系統，已經夠難了，更何況還有隨著時間之推移，大家對其中文字字義的認識也越來越遠。這是幾千年來，註解《易經》的書汗牛充棟的原因，也因此，要選一本真正淺顯又比較能解讀《易經》精髓的書，難上加難。來知德先生的《來註易經圖解》，雖然仍然不是白話文，但是文字十分淺顯，要用《易經》卜卦，這是必備的一本書。　（傅凌）

《易經繫傳別講》南懷謹／著　（老古文化）

《易經》是群經之首，也是中國本土文化裡最早也最亮的一顆明珠。《易經》一方面探究宇宙萬物時時刻刻都在變易的現象，一方面又追求在這種變易中不變的道理，因而形成動靜、陰陽，一切沒有絕對而只有相對的思想體系。不止如此，從另外一方面，《易經》在卜卦方面之用，與幾千年中國人生活更是密切相關。

自古以來，研究《易經》，都先從孔子研究《易經》的心得而作的〈繫傳〉著手。因此不必為《易經繫傳別講》的書名卻步，作者為〈繫傳〉再做的解釋，非常生動、明白。不論研究《易經》的本身，還是研究《易經》與卜卦的關係，這都是一本很好的入門書。　（傅凌）

《談天說命》王明雄／著　（時報）

命理不僅是推算一個人的吉凶禍福而已，它還是一個綜合性的文化現象，涵攝了社會的各個領域。本書也是如此。它所討論的並不是算命的方法和原理，而是和命理相關的種種引人入勝的課題。比如：為什麼說「自古紅顏多薄命」？什麼是「命數」？「命」可不可以改造？從命理看男女的分合，孿生子的命等。此外，還有關於相命人的掌故、名人以及書中人物的命盤分析，乃至從文學、宗教的角度剖析命理等，對於命理感興趣的人而言，本書值得一讀。　（徐淑卿）

《紫微斗數新詮》慧心齋主／著　（時報）

此書出版於1981年，以簡明的敘述和系統化的編排，逐一說明各星曜坐命宮而居於不同宮位時的特性，為斗數概念與星曜特性鋪下基礎。

此書為紫微斗數此一古老推命術引進了精采的現代詮釋，從而奠下作者慧心齋主在此領域的重要地位，具有里程碑的意義。本書銷售迄今二十餘年不衰，最重要條件有二：此書使用現代語彙，降低了因為語言而造成的理解門檻；作者拋棄了江湖術士之流習用的刻板和武斷姿態，在論命時採取較開放的觀點。此二重要特性，使得此書儘管被評者認為可惜未能針對星曜與星曜之間的關係做整體的關照，但觀諸現有的相關著作，它仍然是斗數入門書籍的首選。　（陳本）

《風水：中國人的環境觀》 劉沛林／著 （上海三聯）

作者認為：「風水強調人與自然的和諧，其實質是在追求理想的生存與發展環境。風水中的吉凶觀實際上反映了古代中國人的一種環境觀。」在這樣的思考前提下，作者探討了風水理論的醞釀、建立、發展與總結的各個階段，對於兩個主要的風水流派「形法」、「理氣」分別闡述，另外還涉及陽宅與陰宅風水的剖析、羅盤的使用等風水操作法、風水的環境學解釋、儒道佛思想在風水中的體現、古代中國人理想環境觀的主題與變奏、園林與城市規畫、風水的文化判斷等，是一部從文化角度對風水進行系統討論的著作。（徐淑卿）

《神算：中國術數的祕密》 王浩／著 （究竟）

天干地支、陰陽五行、八字八卦……無數在民間廣為流傳的術數與觀念，都已成為中國人、甚至東方世界共通的辭彙，甚至連西方科學都對太極圖案裡涵蓋的科學原理人為震驚。而這些占卜術數的起源是什麼？演化至今所代表的意涵為何？作者以一種歷史學的探究角度，引經據典回溯這些符碼的發生，以及隱含在符碼背後的龐大政治作用力。許多古老的禁忌、風水的原理、占卜的吉凶都根源於種種人為的添加或自然禍福的趨避，既是政治學、社會學、人類學、生態學、科學、哲學等等學理的糅雜，更是老祖先們至情至性的展現。神算，不只可卜問未來，也是徵鑑歷史的龐大典籍。（黃佳慧）

《寶瓶世紀全占星》 韓良露／著 （方智）

在出版過兩本個人占星學書籍《愛情全占星》與《人際緣份全占星》後，韓良露在千禧年之前撰寫了這一本國內少見以「人類全體」做為占星主體的《寶瓶世紀全占星》。本書著重於兩個部分：其一是以微觀的觀點，往內看每個人必須經歷的星象歷程，比如每個人在受精之後，就開始了年少的月亮、水星、金星、太陽時期，進入中年的火星與暮年的土星的歷程；其二是以巨觀的觀點，闡釋星象對於社會歷史的影響，尤其是天王星、海王星、冥王星這三顆命運之神，對於人類整體的「果報」現象。本書最後並附上她依據占星學的理論對公元兩千年後的預言，饒富趣味。（繆沛倫）

《其實你已經很塔羅了》（The Tarot Revealed）

保羅‧凡頓─史密斯（Paul Fenton-Smith）／著 許慈倩／譯 （遠流）

一般塔羅牌玩家最容易遭逢的瓶頸多在記憶每一張塔羅牌的意義，尤其在背誦完22張大阿爾克納時，進一步背誦多達56張小阿爾克納牌時，更是困難重重。本書除完整介紹一般塔羅牌書籍中必有的正反牌義解析之外，更在講解每一張牌時附上作者幫人算牌時出現過的實際狀況，用實例讓讀者可以更快理解每張牌的含意。而為了串連小阿爾克納的權杖、聖杯、寶劍、五角星等四族，以及22張大阿爾克納，章節後均附上各族牌系從1、2……到最大的皇帝牌之歷程循環，讓讀者更容易理解與記憶。本書撰寫方式相當具有系統，可說是想要學習與記誦完整78張塔羅牌玩家的優良指南。（繆沛倫）

《新生命密碼》 藍寧仕（Dimitrios Lenis）／著 （大塊）

生命蘊含著無數的可能性，但是，一個人在短暫的一生中，是否能夠激發出自己生命的潛力，創造美麗的生命歷程，端視個人對自我的了解。於是哲學家、星象學家、醫學家、心理學家無不費心鑽研，期待找出理解生命、了解自己的方式。作者藍寧仕從古希臘數學家畢達哥拉斯的數字學探入生命的奧祕，並提出「黃金三數法」，從每個人的生命數字中解開屬於個人的天賦與潛能，此外更進一步指出可以藉由哪些方法來運用數字的力量，讓自己能更快樂、健康地活著。（莊琬華）

Net and Books 網路與書的書目

0 試刊號

> 特集
> 閱讀法國

從4200筆法文中譯的書單裡，篩選出最終50種閱讀法國不能不讀的書。從《羅蘭之歌》到《追憶似水年華》，每種書都有介紹和版本推薦。
定價：新台幣150元

存量有限。請儘速珍藏這本性質特殊的試刊號。

1 《閱讀的風貌》

試刊號之後六個月，才改變型態推出的主題書。第一本《閱讀的風貌》以人類六千年閱讀的歷史與發展為主題。包括書籍與網路閱讀的發展，都在這個主題之下，結合文字與大量的圖片，有精彩的展現。本書中並包含《台灣都會區閱讀習慣調查》。
定價：新台幣280元，特價199元

2 《詩戀Pi》

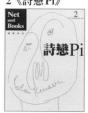

在一個只知外沿擴展的世界中，在一個少了韻律與節奏的世界中，我們只能讀詩，最有力的文章也只是用繩索固定在地面的熱氣球。而詩則不然。
（人類五千年來的詩的歷史，也整理在這本書中。）
定價：新台幣280元

3 《財富地圖》

如果我們沒法體認財富、富裕，以及富翁三者的差異，必定對「致富」一事產生觀念上的偏差與行為上的錯亂。本期包含：財富的觀念與方法探討、財富的歷史社會意義、古今富翁群像、50本大亨級的致富叢書，以及《台灣地區財富觀調查報告》。
定價：新台幣280元

4 《做愛情》

愛情經常淪為情人節的商品，性則只能做，不能說，長期鎖入私密語言的衣櫃。本期將做愛與愛情結合，大聲張揚。從文學、歷史、哲學、社會現象、大眾文化的角度解讀「做愛情」，把愛情的概念複雜化。用攝影呈現現代關係的多面，把玩愛情的細部趣味。除了高潮迭起的視聽閱讀推薦，並增加小說創作單元。
定價：新台幣280元

5 《詞典的兩個世界》

本書談詞典的四件事情：
1).詞典與人類歷史、文化的發展，密不可分的關係。2).詞典的內部世界，以及編輯詞典的人物與掌故。3).怎樣挑選、使用適合自己的詞典——這個部分只限於中文及英文的語文學習詞典，不包括其他種類的詞典。4).詞典的未來：談詞典的最新發展趨勢。
定價：新台幣280元

6 《移動在瘟疫蔓延時》

過去，移動有各種不同的面貌與定義。冷戰結束後，人類的移動第一次真正達成全球化，移動的各種面貌與定義也日益混合。2003年，戰爭的烽火再起，SARS的病毒形同瘟疫，於是，新的壁壘出現，我們必須重新思考移動的形式與內容。32頁別冊：移動與傳染病與SARS。
定價：新台幣280元

7 《健康的時尚》

這個專題探討的重點：什麼是疾病；怎樣知道如何照顧自己，並且知道不同的醫療系統的作用與限制；什麼是健康，以及如何選擇自己的生活風格來提升自己的生命力。如同以往，本書也對醫療與健康的歷史做了總的回顧。
定價：新台幣280元

8 《一個人》

單身的人有著情感、經濟與活動上的自由，但又必須面對無人分享、分憂或孤寂的問題。不只是婚姻定義上的單身，「一個人」的狀態其實每個人都會遇到，它以各種形式出現，是極為重要的生命情境或態度。在單身與個人化社會的趨勢裡，本書探討了一個人的各種狀態、歷史、本質、價值與方法。
定價：新台幣280元

國家圖書館出版品預行編目資料

╔══════════════════════════════════════╗
命運＝ Destiny；／黃秀如主編. --初版.--
臺北市：網路與書, 2004〔民93〕
　　面；　公分.--（Net and Books 網路與書
雜誌書：13）
　　ISBN 957-29567-5-2（平裝）
　　1. 命運
293　　　　　　　　　　　93017024
╚══════════════════════════════════════╝

9《閱讀的狩獵》

閱讀就是一種狩獵的經驗。每個人都可以成狩獵者，而狩獵的對象也許是一本書、一個人物、一個概念。這次主要分析閱讀的狩獵在今天出現了哪些歷史性的變化、獵人各種不同的形態，細味他們的狩獵經驗、探討如何利用各種工具有系統地狩獵，以及回顧過去曾出現過的禁獵者及相關的歷史。這本書獻給所有知識的狩獵者。

定價：新台幣280元

10《書的迷戀》

從迷戀到痴狂，我們對書的情緒有著各種不同的層次。本書要討論的是，為什麼人對書的實體那樣執著？比起獲取書裡的知識，他們更看重擁有書籍的本身。中西古書在形態和市場價值上差別如此大，我們不能不沉思其背後的許多因素。本書探討：書籍型態的發展、書痴的狂行與精神面貌、分享他們搜書、藏書和護書經驗，及如何展現自己的收藏。

定價：新台幣280元

11《去玩吧！》

玩，就是一種跳脫制式常軌的狀態或心情。玩是一種越界。雖然玩是人的天性，卻需要能量，需要學習。本書分析了玩的歷史與文化，同時探討玩的各種層次：一生的玩，結合瘋狂與異想；一年的玩，結合旅行與度假；一週的玩，作為生活節奏的調節與抒解；每天的玩，一些放鬆與休息。藉此，勾動讀者想玩的心情與行動。

定價：新台幣280元

12《我的人生很希臘》

古希臘以輝煌的人文和科學成就，開歐洲思想風氣之先，而今日希臘又以藍天碧海小白屋，吸引全世界人們流連忘返。其實，希臘不必遠求，生活週遭處處都隱含著希臘之光。到底希臘的魅力從何而生？希臘的影響又有多麼深遠？看了這本書你就會了然於心。

定價：新台幣280元

13《命運》

每個人存活在世界上，多少都曾經感受到命運的力量。有時我們覺得命運掌控了我們，有時我們又覺得輕易解脫了它的束縛，一切操之在我。到底命運是什麼？以及，什麼是命？什麼又是運？本書除了對命運與其相關詞彙提出解釋外，還縷述不同宗教、文化對於命運的觀點，以及自由意志展現的可能。此外，還有關於命運主題的小說、攝影、繪本等創作。

定價：新台幣280元

Net and Books 網路與書
訂購方法
1. 劃撥訂閱

劃撥帳號：19542850　　戶名：英屬蓋曼群島商 網路與書股份有限公司 台灣分公司

2. 門市訂閱

歡迎親至本公司訂閱。　　台北：台北市105南京東路四段25號10樓之1。

營業時間：週一至週五上午9：00至下午5：00

3. 信用卡訂閱

請填妥所附信用卡訂閱單郵寄或傳眞至台北(02)2545-2951。

如已傳眞請勿再投郵，以免重複訂閱。

信用卡訂購單

本訂購單僅限台灣地區讀者使用。台灣地區以外讀者，如需訂購，請至www.netandbooks.com網站查詢。

□訂購試刊號　　　　　　　定價新台幣150元×＿＿冊＝＿＿＿＿元　　□訂購第7本《健康的時尚》　定價新台幣280元×＿＿冊＝＿＿＿＿元

□訂購第1本《閱讀的風貌》　定價新台幣199元×＿＿冊＝＿＿＿＿元　　□訂購第8本《一個人》　　　定價新台幣280元×＿＿冊＝＿＿＿＿元

□訂購第2本《詩戀Pi》　　　定價新台幣280元×＿＿冊＝＿＿＿＿元　　□訂購第9本《閱讀的狩獵》　定價新台幣280元×＿＿冊＝＿＿＿＿元

□訂購第3本《財富地圖》　　定價新台幣280元×＿＿冊＝＿＿＿＿元　　□訂購第10本《書的迷戀》　定價新台幣280元×＿＿冊＝＿＿＿＿元

□訂購第4本《做愛情》　　　定價新台幣280元×＿＿冊＝＿＿＿＿元　　□訂購第11本《去玩吧！》　定價新台幣280元×＿＿冊＝＿＿＿＿元

□訂購第5本《詞典的兩個世界》定價新台幣280元×＿＿冊＝＿＿＿＿元　□訂購第12本《我的人生很希臘》定價新台幣280元×＿＿冊＝＿＿＿＿元

□訂購第6本《移動在瘟疫蔓延時》定價新台幣280元×＿＿冊＝＿＿＿＿元　□訂購第13本《命運》　　　定價新台幣280元×＿＿冊＝＿＿＿＿元

□預購第14本至第24本之《網路與書》(不定期陸續出版)　　特價新台幣2800元×＿＿＿＿套＝＿＿＿＿＿＿元

以上均以平寄，如需掛號：

□試刊號與《閱讀的風貌》、《詩戀Pi》、《財富地圖》、《做愛情》、《詞典的兩個世界》、《移動在瘟疫蔓延時》、《健康的時尚》、

《一個人》、《閱讀的狩獵》、《書的迷戀》、《去玩吧！》、《我的人生很希臘》、《命運》每本加收掛號郵資20元。

□預購第14本至第24本，每套加收掛號郵資240元。

訂 購 資 料		
姓名：	生日：	性別：□男　　□女
身分證字號：	電話：	傳眞：
E-mail：	郵寄地址：□□□	
統一編號：	收據地址：	

信 用 卡 付 款
卡　　別：□VISA　　□MASTER　　□JCB　　□U CARD
卡　　號：＿＿＿＿＿＿＿＿＿＿＿＿＿＿　有效期限：200　年　　　月止
持卡人簽名：＿＿＿＿＿＿＿＿＿＿　(與信用卡簽名同)
總 金 額：＿＿＿＿＿＿＿＿＿＿＿　發卡銀行：＿＿＿＿＿＿＿＿＿＿＿